작은 가게
성공 매뉴얼

월급 3배 버는 작은 가게, 3가지 매뉴얼이면 가능하다
작은 가게 성공 매뉴얼

초판 1쇄 발행 2017년 1월 10일
초판 7쇄 발행 2022년 4월 18일

지은이 조성민

발행인 백유미 조영석
발행처 (주)라온아시아
주소 서울특별시 서초구 효령로 34길 4, 프린스효령빌딩 5F

등록 2016년 7월 5일 제 2016-000141호
전화 070-7600-8230 **팩스** 070-4754-2473

값 13,800원
ISBN 979-11-5532-260-4 (13320)

※ 라온북은 (주)라온아시아의 퍼스널 브랜드입니다.
※ 이 책은 저작권법에 따라 보호받는 저작물이므로 무단전재 및 복제를 금합니다.
※ 잘못된 책은 구입하신 서점에서 바꾸어 드립니다.

라온북은 독자 여러분의 소중한 원고를 기다리고 있습니다. (raonbook@raonasia.co.kr)

월급 3배 버는 작은 가게, 3가지 매뉴얼이면 가능하다

작은 가게
성공 매뉴얼

/ 조성민 지음 /

개정판 프롤로그

코로나 시국이 정점을 찍었습니다. 현재 우리나라는 코로나 팬데믹에서 엔데믹(감염병의 풍토병화)으로 가는 길목에 있다고 합니다.

코로나19가 터지면서 '장사'라는 것이 참 어렵다는 생각을 하게 되었습니다. 거리두기에 따른 '영업시간 제한'과 '인원 제한'은 실제적으로 자영업자들에게 큰 타격을 주었습니다. 길어야 1년이면 끝날 줄 알았던 코로나는 2년이 지나고도 계속 현재 진행형입니다.

요즘은 문화 자체가 바뀌고 있다는 것을 몸으로 느끼고 있습니다. 회식은 사라지는 분위기고, 2차는 찾아볼 수도 없습니다. 혹 회식을 하더라도 1차로 간 집에서 저녁과 가벼운 반주를 하는 형태로 바뀐 것이죠. 그리고 시간제한의 영향 때문인지 저녁과 밤에 나오는 손님의 숫자도 상상 이상으로 줄어버렸습니다.

물론 이러한 상황이 영원히 계속되지는 않을 것입니다. 문화 자체의 결은 조금은 바뀌겠지만 시간이 지나면 다시 예전처럼 돌아오겠지요. 미국 같은 경우만 봐도 이제는 마스크도 벗고, 일상을 즐기고 있다고 합니다. 중요한 것은 그때까지 '살아남는 것'입니다.

뜻하지 않은 코로나 시국에서도 희망과 용기를 잃지 않기를, 그러면서도 자신만의 멋진 작은 가게를 만들어가시길 바라는 마음을 이 개정판에 담았습니다. 우리 다 같이 힘을 냅시다.

2022년 봄날,

조성민

프롤로그

작은 가게는 '사람'으로 살아남습니다

'어떻게 하면 매출을 올릴 수 있을까?'

작은 가게 오너들의 가장 큰 고민은 바로 매출일 것입니다. 카페든 음식점이든 아니면 다른 업종이든 오너들이 모이면 자연스럽게 매출에 대한 고민 혹은 노하우에 대한 이야기가 나오기 마련입니다. 처음 장사를 시작해서 매장을 운영하다 보면 그날그날의 매출에 따라 기분이 달라집니다. 매출이 높을 때는 기분이 업되고, 매출이 낮을 때는 기분도 다운되는 것이죠. 그러다 보면 오로지 '매출'에만 집중하게 됩니다.

하지만 다시 한번 생각해봅시다. 우리가 정말 집중해야 할 것이 과연 매출일까요? 물론 매출은 굉장히 중요합니다. 그런데 장사에서 첫 번째 목표는 '생존'입니다. 생존을 해야 돈을 벌든지 사업을 확장할 수 있는 것이죠. 그다음에 장사에서의 생존을 위해 필요한 것이 바로 매출입니다. 정확히는 순수익이죠. 장사의 목적은 수익을 내기 위함입니다. 수익을 내지 못하면 그 장사는 결코 오래가지 못할 것입니다.

경영학의 아버지인 피터 드러커 박사는 조직의 성과를 3가지로 나눴습니다. '직접 성과', '가치의 재발견', '인재 육성'으로 말이죠. 그중 직접 성과에 속하는 것이 매출입니다. 이 매출은 어떤 비즈니스든 첫 번째 생존 조건이기도 합니다. 매출이 안정적으로 받쳐줘야 자신이 하는 일의 가치에 대해서 생각할 수 있고, 그다음 인재들을 육성할 수 있는 여유가 생길 테니 말이죠. 그렇다면 매출과 수익의 본질은 과연 무엇일까요?

보통 매출과 수익을 숫자로만 생각하는 경우가 있습니다. 하지만 그것은 본질이 아닙니다. 매출과 수익의 본질은 바로 '고객'입니다. 더 디테일하게 들어가면 바로 '고객과의 관계'라고 할 수 있죠. 어떤 사업이든 말이죠.

소위 장사가 잘된다는 것은 다르게 말하면 고객이 많이 찾아왔다는 말과 동일합니다. 매출이 지속적으로 오르고 있다는 말은 고객들이 지속적으로 많이 생기거나 기존 고객들의 재방문율이 높아지고 있다는 것입니다. 매출이 낮다는 것은 아직 고객을 충분하게 확보하지 못했다는 것이며, 매출이 떨어지고 있다는 것은 고객들이 떠나고 있다는 것입니다.

그렇습니다. 우리가 집중해야 하는 것은 매출이 아니라 바로 고객입니다. 그렇다면 고객에 집중한다는 건 어떤 의미일까요? 고객을 다시 살펴봅시다. 고객을 찬찬히 살펴보면 한 사람, 한 사람이 모인 집합체입니다. 개개인을 쪼개서 생각해야 합니다. 모든 비즈니스나 장사는 '일대일의 관계'입니다. 300억 원 매출이든 3,000원 매출이든 결국 일대일의 관계에서 출발합니다. 그런 점에서 장사든 사업이든 규모가 작든 크든 모든 매출의 본질은 동일합니다. 300억 원 매출도 쪼개고 보면 누군가 그 상품이나 서비스를 구입했다는 것이고, 그 구입한 사람은 결국 한 개인이기 때문입니다. 조직과 비즈니스도 결국 들어가보면 한 사람, 한 사람이라는 고객들의 집합체라는 것을 알 수 있습니다. 따라서 저희는 고객과의 관계에 집중해야 합니다.

요즘은 창업 대란입니다. 커피 시장은 이제 '포화 상태'라는 말이 몇 년 전부터 나오는데도 골목 건너 골목마다 대형 프랜차이즈 카페들이 무서운 기세로 생겨나고 있습니다. 신세계 '스타벅스'를 비롯해 CJ푸드빌 '투썸플레이스'(2022년 현재 '칼라일그룹'에서 인수) 그리고 2013년 국내 사모투자펀드 운영사인 IMM PE에 인수된 '할리스'(2022년 현재 'KG그룹' 계열사) 등 굵직한 국내외 업체들의 성장이 느껴지고 있는 요즘입니다. 2011년 394개의 매장을 운영 중이던 스타벅스는 2015년 850개가 되었고, 205개 매장이었던 투썸플레이스는 682개, 384개였던 할리스는 554개의 매장이 운영 중인 상황입니다.

앞으로 카페 시장에서 살아남는 카페들의 성격은 양분화될 것이라는 생각을 조심스레 해봅니다. 쾌적한 공간을 제공하는 대자본 대형 카페와 차별화된 서비스를 제공하는 소자본의 작은 카페(로컬 카페)로 말이죠. 카페가 아닌 다른 업종의 작은 가게들도 마찬가지입니다. 그러나 작은 가게의 태생적 한계는 늘 존재할 수밖에 없습니다. 물론 이런 상황에서도 분명 돌파구는 있습니다. 그 첫 번째 시작점으로 저는 고객과의 '관계'를 말씀드립니다. 그리고 관계를 시작으로 이번 책에서는 크게 3가지를 말씀드릴 예정입니다.

작지만 강한 가게를 만들기 위한 3M(3가지 매뉴얼)

❶ 매장의 역량을 강화시키는 '경영 매뉴얼'
❷ 우리만의 고유한 문화를 만드는 '문화 매뉴얼'
❸ 새로운 수입을 만드는 '퍼스널브랜딩 매뉴얼'

첫 번째는 현재 운영하고 있는 가게의 경쟁력을 높이는 방법인 '경영 매뉴얼'입니다. 즉 고객과의 관계를 강화하는 방법부터 가게 자체의 매뉴얼을 만드는 방법에 대해 실제 운영 사례를 중심으로 풀

었습니다.

두 번째는 우리 가게만의 강력한 문화를 만드는 방법을 알려드립니다. 그리고 다른 가게와의 연합 마케팅 방법을 사례 중심으로 소개해드립니다.

세 번째는 새로운 수입을 만드는 방법입니다. 우리가 파는 상품 중 가장 좋은 상품이자 차별화된 상품은 무엇일까요? 바로 오너 자신입니다. 오너 자신이 상품이 되기 위해서는 무엇을 해야 하며 어떤 콘텐츠를 어떻게 팔 것인지에 대해서 제 경험을 토대로 다뤄봤습니다.

카페 창업을 다룬 첫 번째 책,《나는 스타벅스보다 작은 카페가 좋다》(라온북, 2015)를 출간하고, KBS, SBS, 한국경제TV 등 각종 언론과 대학교, 여러 행사장에서 강연을 할 기회가 많았습니다. 그리고 강연을 할 때마다 여러 분야의 예비창업자들을 만날 수 있었습니다. 그들과 이야기를 나누며 깨달은 것은 카페 오너로서 얻은 경영 노하우는 꼭 '카페'라는 업종에 국한되지 않는다는 사실이었습니다. 업종에 상관없이 작은 가게가 가지는 고민은 비슷하기 때문에, 작은 가게만의 생존법 또한 동일하게 적용되는 점이 많았죠.

그래서 두 번째 책《작은 가게 성공 매뉴얼》에서는 저의 카페 경영 지식을 바탕으로 어떤 업종이든 적용 가능한 노하우들을 정리해보았습니다. 비록 제가 카페허밍의 오너이므로 많은 사례가 '카페'라는 업종에 집중되어 있지만, 작은 이자카야든, 작은 네일숍이든 도움이 될 수 있는 정보만 모았습니다.

이 세상 모든 작은 가게가 저마다의 특색으로 고객과 함께 성장하길 바라며, 책이 나올 수 있도록 늘 도와주는 아내 혜성이와 이 세상을 천국으로 만들어준 두 딸 수아, 은아에게 이 책을 바칩니다.

대전 13평 작은 가게 '카페허밍'에서
오너바리스타 조성민 올림

차례

개정판 프롤로그   004
프롤로그   작은 가게는 '사람'으로 살아남습니다   006

 작은 가게, 손님의 마음부터 잡아라

들어가기 / 나만의 작은 가게, 낭만이 아니라 현실입니다

일 년에 1,095명 신규 고객 모으는 방법   023
한 번 고객, 천 번 오는 작은 가게 만들기   031
단골 마케팅 Step 1: 느낌을 주는 가게   035
단골 마케팅 Step 2: 관계를 맺는 가게   041
단골 마케팅 Step 3: 감성이 있는 가게   048
Notice. 하루 방문자 200명 만드는 작은 가게 단골 마케팅

 작은 가게, 매뉴얼이 경쟁력이다

들어가기 / 작은 가게에 문화와 매뉴얼이 왜 필요할까?

매뉴얼이 가게의 경쟁력을 높인다   063
우리 가게만의 매뉴얼북 만들기   069
작은 가게 경영 매뉴얼 Step 1: 레시피   077
작은 가게 경영 매뉴얼 Step 2: 업무   083
작은 가게 경영 매뉴얼 Step 3: 스피릿&스토리   091
작은 가게 경영 매뉴얼 Step 4: 접객 및 서비스   098
작은 가게 경영 매뉴얼 Step 5: 신입 직원 교육   112
Notice. 경쟁력 200% 높이는 작은 가게 경영 매뉴얼

Chapter 3 우리 가게만의 문화, 모임 매뉴얼

작은 가게의 낭만은 모임에서 시작된다	127
모임이 만들어지면 단골이 늘어난다	133
친밀하고 오래 가는 모임 만들기	140
우리 가게만의 독서 모임 매뉴얼	146
작은 가게들의 모임, 콜라보 마케팅	154
지역 카페들이 모여 이뤄낸 스탬프 투어 마케팅	160

Notice. 프랜차이즈에는 없는 작은 가게만의 문화 매뉴얼
Notice. 독서 모임 매뉴얼 예시

Chapter 4 새로운 매출을 만드는 '브랜딩 매뉴얼'

전략 1: 책 쓰기, 나만의 노하우로 책을 써라	179
전략 2: 강의하기, 작은 가게 오너는 모두 지식경영자다	185
전략 3: SNS, 나만의 브랜드를 PR하라	192
전략 4: 독서, 한계를 돌파하는 힘	200
전략 5: 시간 관리, 미련한 사장이 되지 마라	206

에필로그 작은 가게는 작은 가게만의 방법이 있다	212

부록 작은 가게 브랜딩 30 DAY 성장 노트

실패 없는 작은 가게 창업 노하우	219
작은 가게 브랜딩 30 DAY 성장 노트	226

Chapter 1
작은 가게,
손님의 마음부터 잡아라

SUCCESS MANUAL

들어가기

나만의 작은 가게, 낭만이 아니라 현실입니다

    카페 창업에 대한 책을 내고, 강의를 다니며 창업을 꿈꾸는 분들을 많이 만났습니다. 상권부터 원두 품질 하나하나 철저히 준비하는 분들도 있었지만, 별다른 준비 없이 꿈에만 부푼 채 창업에 뛰어드는 분들도 많았습니다. 매장을 알아보다 부동산업자의 말에 혹해 계약금을 걸거나, 학원에서 고작 3개월 배우고 창업을 하려는 경우가 생각보다 많았습니다. 물론 장사의 특성상 실력과 경험이 없다고 해서 꼭 실패하는 것은 아니지만 너무 준비 없이 뛰어드는 것은 위험합니다.

    창업에 대한 궁금증을 품고 저희 카페를 찾는 분들이 많습니다. 저는 대부분 창업을 말립니다. 특히 직장에 잘 다니고 있다면 더욱 그렇습니다. 6개월 전에는 울산에 사는 한 남성분이 대전에 있는 매장까지 찾아오셨습니다. 카페를 예전부터 하고 싶어 제 책을 읽고 오셨다는 것이었죠. 창업에 대한 이런저런 이야기를 해드린 뒤 몇 가지를 여쭤봤습니다. 결혼은 하셨는지, 결혼을 했다면 맞벌이인지, 아이는 있는지 말이죠. 이분은 결혼을 했고, 아이는 이제 막 첫돌이 지난 상태이며, 아내는 육아를 하면서 휴직 중이었습니다. 게다가 자본이 충분하지 않아 대출까지 감행할 생각이셨죠.

사실 미혼이었다면 '무조건 창업!'이라고 말씀드렸겠지만 결혼을 한 상태라면 이야기가 달라집니다. 미혼이라면 직장을 다니는 것보다 자기 사업을 하는 것이 더 유리하다고 생각합니다. 혹 장사가 잘 안되더라도 가게에서 살면 되니까요. 가게에서 산다는 것은 숙식을 한다는 것이 아니라 하루 15시간을 가게에서 보낸다는 뜻입니다. 그렇게 가게에서 살아도 미혼일 때는 누구도 뭐라 하지 않습니다. 그리고 그 정도 시간을 가게에서 보내면 회사에 다니면서 월급을 받는 것보다 더 많이 벌 수 있습니다. 또 그렇게 일하면 돈을 쓸 시간도 없어 돈을 쓸 일도 없죠.

하지만 결혼을 했다면 상황이 다릅니다. 아이가 없다면 그나마 배우자와 상의해서 일하는 시간을 정할 수 있지만 아이까지 있다면 맞벌이가 아닌 외벌이를 해야 하는데, 경험도 없이 차린 조그만 가게로 한 가정을 책임질 수 있는 수익을 낼 수 있을까요? 전력을 다해 일해도, 최소 1년은 지나야 수익다운 수익이 발생하는 것이 작은 가게입니다. 1년 동안 어떻게 생활할지가 문제입니다. '결혼은 현실'이라는 말처럼 '창업도 현실'입니다. 물론 이런저런 상황에도 "난 반드시 가게를 창업할 거야!"라는 강한 소망과 의지가 있다면 창업을 해야 하는 시기입니다. 뜻이 있는 곳에 길이 있기 마련이니까요. 하지만 어떤 상황이든 창업 전에는 꼭 '플랜 ABC'를 세워야 합니다.

플랜 ABC란 최상의 경우와 최악의 경우를 동시에 예상해보고, 대응책을 미리 마련해놓는 것을 말합니다. 창업 전에는 항상 성공과 실패를 동시에 염두에 둘 필요가 있습니다. 최악의 경우를 미리 그려보고, 그런 상황이 발생했을 때 어떻게 대응할지 명확한 계획만 있어도 두려움이 많이 사라집니다. 그렇다면 각 플랜은 구체적으로 어떻게 세우는 걸까요?

플랜 A

플랜 A란 내가 생각하는 최대한의 성공을 뜻하며, 이 가게가 가장 잘되었을 경우를 예상하여 계획하는 것입니다. 청사진 혹은 비전이라 할 수 있죠. 매출이 많아지면 '나는 2호점을 낼 것인가?' 아니면 '매장의 크기를 키울 것인가?', '프랜차이즈 사업을 시작할 것인가?' 아니면 '다른 일을 할 것인가?' 등을 미리 생각해봅니다. 매장 크기를 키울 것이라 예상하고 시작하는 것과 프랜차이즈를 생각하고 시작하는 것은 분명 차이가 있습니다. 저는 이를 '전략적 관점'이라고 부릅니다. 막연히 상상을 하는 것이 아니라, 처음부터 분명한 목표를 두고 나아가는 전략입니다. 물론 목표한 대로 되지는 않습니다. 그래서 플랜 A만 가지고 창업을 하면 위험합니다.

플랜 B

플랜 B는 내가 생각하는 최소한의 성공을 뜻합니다. 최소한의 성공은 자신만이 정할 수 있습니다. 예를 들어 '최소 1년 동안은 마이너스만 나지 않게 만든다' 혹은 '내가 다른 곳에서 알바를 하면 시급이 9,160원이다(2022년 최저 시급 기준). 나는 시간당 9,160원만 벌면 우선 성공이다', '월세 1/3의 수입만 발생하면 성공이라고 친다' 등을 말합니다. 요즘 트렌드 중 하나가 미니멀 라이프입니다. 미니멀 라이프란 최소한만 가지고 생활하는 것을 뜻합니다. 너무 많은 물건이 있기 때문에 오히려 행복하지 않다고 합니다. 미니멀 라이프는 다르게 말하면 심플한 삶을 뜻하는 것이죠. 커피계의 살아 있는 전설 박이추 선생님을 보면 바리스타의 '미니멀 라이프'가 무엇인지 잘 알 수 있습니다. 박이추 선생님께서 운영하는 카페 보헤미안은 월요일부터 수요일까지는 문을 열지 않습니다. 목요일부터 일요일까지는 10시에 열고, 오후 4시에서 5시면 문을 닫습니다. 이처럼 운영 시간의 '미니멀'을 정할 수도 있습니다. 매출이든 운영 시간이든 '미니멀'을 정하고, 오픈 후 1년 동안은 스스로를 격려하고 칭찬할 필요가 있습니다.

플랜 C

마지막으로 플랜 C는 내가 생각할 수 있는 가장 최악의 상황에 대한 계획을 말합니다. 예를 들어, '마이너스가 6개월 이상 지속될 경우 어떻게 할 것인가?', '1년이 지났는데 매출이 인건비도 안 나온다면?'과 같은 최악의 경우를 미리 생각해보고 플랜을 짜보는 것이죠. 저는 동업으로 가게를 열었기 때문에, 플랜 C는 '둘 중에 한쪽이 동업을 그만하기를 원할 경우에는 가게를 팔고 남은 돈을 절반으로 나눠 가진다'였습니다. 보증금 3,000만 원에 집기를 중고시장에 팔았을 때 가격을 기준으로 투자 가격의 1/3 정도를 생각했죠. 처음 시작할 때 각각 4,000만 원씩 모아 시작해서 총 8,000만 원이었는데 사업을 접을 경우 최소 4,000만 원에서 최대 6,000만 원 정도는 생길 것이고, 이를 절반으로 나누면 최대 2,000만 원을 손해 볼 수 있겠다고 생각했습니다. 동업이 파기되어 넘어갈 경우 재창업을 하려면 자금이 더 필요하므로, 다른 매장에 점장으로 가거나 더 작은 가게를 여는 경우를 생각하고 창업에 뛰어들었습니다. 제가 드리고 싶은 말은 최악의 경우에 내가 어떤 행동을 하겠다고 미리 염두에 두고 시작해야 한다는 것입니다. 물론 최악의 상황이 되지 않도록 최선을 다해야 하지만요. 처음 창업을 하는 분들은 장밋빛 길을 꿈꾸면서 준비를 하지만 막상 문을 열고 나면 장미와 함께 가시도 함께 펼쳐진 길이라는 걸 알게 됩니다.

이렇게 현실적인 이야기를 먼저 해드리는 것은 저 역시 장밋빛 길만 꿈꾸다 가시에 찔려 많이 아파했기 때문입니다. 창업자분들이 이 책을 읽고 조금이라도 시행착오를 줄일 수 있다면, 이 책의 '성공'이라고 생각합니다. 저의 '미니멀'인 셈이죠. 창업의 길이 가시밭길이든 장밋빛 길이든 매력적이고 행복한 길입니다. 다만 내가 이 길을 가며 치러야 할 대가를 꼭 한번 생각해보시고 출발하시길 바랍니다.

CHAPTER 01

일 년에 1,095명의 신규 고객 모으는 방법

커피만 맛있다고, 음식만 맛있다고, 옷이 예쁘다고 고객들이 알아서 가게를 찾아올까요?

요즘 대한민국 요식업계에서 정말 '핫'한 성공신화를 쓰고 있는 백종원 대표의 말에 따르면 대박 음식점이라고 불리는 곳의 성공 요인 중 '맛'이 차지하는 비율은 고작 30%에 불과하다고 합니다. 분위기, 소리, 향, 같이 먹는 사람, 종업원들의 표정 등 수많은 요인이 함께 작용한다는 것이죠.

일본에서 이자카야의 신이라 불리는 우노 다카시 역시 자신의 저서 《장사의 신》(쌤앤파커스, 2012)에서 비슷한 말을 합니다. "토마토를 자를 수 있다면 밥집을 열 수 있고, 병뚜껑을 딸 수 있다면 술집을 할 수 있다! 동네에서 제일 맛있는 가게를 하는 것은 어렵지만, 제일 재미있는 가게를 하는 것은 가능하다. 중요한 것은 손님을 즐겁게 해드리는 것이다."

저 역시 두 대가의 말에 전적으로 동의하여 커피 장사를 하고 있습니다. 카페는 커피만 맛있으면 장사가 잘될 것이라 생각하는 사람은 대부분 장사 경험이 없는 초보 사장일 것입니다. 물론 박이추 선생님처럼 맛으로 승부할 수 있을 만큼 초고수의 영역에 오르신 분들도 있지만 그분들조차 커피 맛이 전부라고 말하지 않습니다.

매출이 오르기 위해 가장 필요한 단 하나는 무엇일까요? 그것은 바로 '고객'입니다. 그리고 그 매출이 지속적으로 유지되고, 성장하기 위해서는 그 고객의 '재방문'이 필요합니다. 간단하게 말해서 잘 되는 가게는 고객의 재방문이 많은 가게이고, 망하는 가게는 고객의 재방문이 없는 가게라고 생각하면 되는 것이죠.

'어떻게 하면 장사를 잘할 수 있을까?'라는 궁금증을 품고 '장사'를 다룬 책 200권 정도를 읽었습니다. 수많은 책을 읽고 제 나름대로 내린 하나의 키워드가 바로 '재방문'이었습니다. 그리고 '재방문'을 위해 더 중요한 단계가 있다는 것을 발견했습니다. 바로 고객의 '첫 방문'입니다. 고객의 첫 방문을 잡기 위해서는 작은 가게를 찾을 때 고려하는 3가지 포인트를 알아야 합니다. 카페를 예로 들어 알아볼까요?

고객들이 카페를 선택하는 3가지 요소

❶ 접근성(구매 동선): 내가 지금 가고자 하는 동선 안에 있는 카페인가? 가까운가?
❷ 가격(가성비): 지금 내가 가려는 목적에 비해 커피 한 잔 가격이 과연 적절한가? 다른 곳과 비교했을 때 가성비가 높은가?
❸ 관계(브랜드): 내가 알고 있는 곳인가? 아니면 나를 알고 있는 곳인가? 맛은 검증되었는가?

접근성(구매 동선)

지금 내가 가고자 하는 구매 동선 안에 있는 가게를 말합니다. 커피가 목적이 아닌 경우 보통 식후나 걸어갈 수 있는 거리, 아니면 차로 이동할 때 주차가 편한 곳 등이 고려 대상이 됩니다. 이 접근성은 처음 가게를 창업할 때 고객의 입장이 되어 신중하게 고려해야 합니다.

가격(가성비)

지금 내가 가려는 목적에 비해 커피 한 잔의 가격이 과연 적절한가에 대한 심적 가격을 말합니다. 근사한 카페를 지인분께 소개해주기 위해 가는 것과 식후에 가볍게 한잔 마시러 갈 때 생각하는 금액은 분명 다릅니다. 또한, 테이크아웃을 할 것인지 아니면 가서 업무를 볼 것인지에 따라 선택하는 가게가 달라지기도 합니다. 목적에 따른 가성비 역시 가게를 창업하기 전에 기획해야 할 부분입니다.

관계(브랜드)

내가 알고 있거나, 나를 알고 있는 곳이거나 혹은 누군가 추천한 경우 선택하게 되는 곳입니다. 여기서 말하는 관계는 내가 직접 가보지 않은 곳이지만 알고 있는 곳도 포함됩니다. 즉, 프랜차이즈가 여기에 속합니다. 사람들은 자신이 잘 알지 못하는 곳에 가서 메뉴판을 보고 주문하는 것을 대단히 번거로운 일이라고 생각하는 경향이 있습니다. 그래서 가본 곳을 다시 가게 되는 것입니다. 생각해보면 특정 메뉴를 먹으려고 할 때마다 가는 음식점이 정해져 있는 경우가 많습니다. 가볍게 점심을 때우러 가려면 어디, 맥주 한잔하러 갈 때는 어디, 귀한 손님이 오셨을 때는 어디로 갈지 이미 머릿속에 정해져 있는 것이죠.

이 3가지 요소를 가장 잘 활용한 브랜드를 예로 든다면 바로 '빽다방'의 성공 사례입니다. 대부분 많은 사람이 빽다방이 새로 생긴 브랜드라고 알고 있지만, 빽다방은 사실 2006년 '원조벅스'라는 이름으로 나온 브랜드가 시초였습니다. 그렇다면 2006년 원조벅스 때에는 잠잠하던 빽다방이 지금은 왜 이렇게 대박이 터진 것일까요?

가장 큰 이유는 백종원 대표의 높은 인지도일 것입니다. 그러나 그 이유 때문만은 아닙니다. 빽다방은 전략적으로 사람들이 많이 오가는 번화가에 자리를 잡기 때문에 접근성이 좋습니다. 그리고 엄청난 사이즈의 음료를 굉장히 저렴한 가격에 고객들에게 제공합니다.

또한 백종원 대표가 SBS 〈백종원의 3대 천왕〉, MBC 〈마이 리틀 텔레비전〉, tvN 〈집밥 백선생〉 등 각종 예능 프로그램에 출연하면서 대중에게 친근한 이미지가 심어지기도 했죠. 백종원 대표를 향한 대중의 친밀도는 자연스레 '빽다방'이란 브랜드로 이어집니다. 빽다방 매장 간판과 벽면에 백 대표의 캐릭터와 사진이 붙어 있는 이유도 바로 이 때문이죠.

하지만 우리가 오픈한 작은 가게는 빽다방처럼 번화가 상권에 있는 것도 아니고, 가격이 매우 저렴한 것도 아니며, 고객들은 우리 가게를 전혀 알지도 못합니다. 즉 접근성, 가격, 관계에 있어서 절망적인 상황이라고 볼 수 있죠. 하지만 작은 가게에는 작은 가게만의 방법이 있습니다. 바로 매년 1,095명의 신규 고객을 만드는 마케팅 방법인 '땡큐 쿠폰' 마케팅입니다.

| 매년 1,095명의 신규 고객을 확보하는 '땡큐 쿠폰' 마케팅

카페허밍의 2호점인 '꿈꾸는연어점'은 2016년 4월 대전 가양동 대전보건대 사거리에서 오픈했습니다. 골목에 있는 작은 가게로 시작했죠. 신규 고객을 어떻게 확보할 것인가 고민하다가 시작한 것이 바로 '땡큐 쿠폰' 마케팅이었습니다. 마케팅 방법은 아래와 같습니다.

> ❶ 예쁜 봉투를 준비한다. 봉투에 '땡큐 ○○동'이라고 자신의 동네 이름을 적는다.
> ❷ 음료 쿠폰 한 장과 '땡큐 ○○동'에 대한 설명이 담긴 종이를 봉투에 넣는다.
> ❸ 매일 3명씩 가게 주변에 보이는 사람에게 오너가 직접 대화를 시도하고 쿠폰을 선물로 준다.

'땡큐 쿠폰'에 대한 설명이 담긴 종이에는 자신이 운영하는 가게 소개글과 그 가게를 운영하는 오너 소개 그리고 추천할 만한 메뉴와 계절 메뉴를 간단히 적고, 우리 가게의 고객이 되고 싶은 분들에게 드리는 작은 선물이라는 메시지를 동봉하는 것입니다. 만약 네일숍을 하고 있다면, 유행하는 패턴의 네일 스티커 하나를 동봉하면 됩니다. 그리고 봉투에 잘 보이게 '땡큐 ○○동'이라고 적은 후 매일 3명씩 동네 분들에게 나눠드리는 것입니다.

이 '땡큐 쿠폰' 마케팅은 매우 간단해보이지만 위의 3가지 요소를 모두 충족시켜줍니다.

첫 번째, 접근성입니다. 비록 창업 초반 때 목(상권)을 잘못 선정했다 하더라도 가게 주변을 걸어 다니는 사람은 언제든 우리 가게에 다시 들를 수 있는 반경에 있을 겁니다. 그래서 이 '땡큐 ○○동'이라고 적힌 쿠폰을 주면 분명 다시 오게 되어 있습니다.

두 번째, 가격입니다. 행동경제학에 따르면 사람에게는 손실회피 심리가 있다고 합니다. 하지만 이 손실회피 심리는 무료 쿠폰으로 날려버릴 수 있죠. 맛이 검증되지 않았다 하더라도 자신이 손해 볼 것이 없다고 생각하면 가게에 방문할 확률이 높아지게 됩니다. 호기심도 생기고 말이죠.

마지막으로, 관계입니다. '땡큐 쿠폰' 마케팅이 전단지와 가장 다른 이유입니다. 전단지는 주는 사람과 받는 사람의 관계 형성이 어렵습니다. 하지만 이 '땡큐 쿠폰' 마케팅은 오너가 직접 동네에 있는 가망 고객에게 쿠폰을 건네주고, 또 상황이 된다면 이야기까지 할 수 있기 때문에 관계 형성이 훨씬 수월합니다. 그리고 자신이 살고 있는 동네 이름이 적힌 봉투와 봉투 안에 든 무료 쿠폰을 확인하면 오너와 가게에 호감이 생기게 됩니다. 무료 쿠폰이 아깝다고 아메리카노 쿠폰을 넣으면 고객들의 방문율이 현저하게 떨어지니 주의해야 합니다.

이 마케팅 방법은 홍보 비용도 다른 방법들에 비해 훨씬 저렴하면서 효과는 큽니다. 물론 요즘은 스마트폰 시대라서 신규 고객들은 대부분 SNS를 통해 정보를 획득합니다. 하지만 처음부터 블로그 마케팅으로만 가게를 홍보하다 보면 득보다 실이 많을 수 있습니다. 가게가 제대로 준비되지 않은 상태에서 SNS에 과장되게 노출되면, 많은 고객이 몰려왔다가 실망을 하게 됩니다. 이 부정적인 인상은 다시 되돌리기가 쉽지 않습니다. 그러니 처음에는 자신의 동네에서 감사의 마음으로 선물을 준다는 기분으로 '땡큐 쿠폰' 마케팅을 시작해보시기 바랍니다.

365일 매일 3명에게 이 '땡큐 쿠폰'을 나눠줄 경우 1,095명의 신규 고객이 우리 가게를 찾게 됩니다. 확률상 그중 10%인 100명은 가게의 고정 고객이 될 것이며, 1% 정도인 10명은 열광 고객이 될 것입니다. 매년 100명의 고정 고객과 10명의 단골 고객이 생긴다는 것은 엄청난 일입니다. 0과 1의 차이는 하늘과 땅 차이입니다. 0은 시간이 지나도 계속 0이지만 1은 시간이 지나면 10이 되기도 하고, 100이 되기도 합니다. 작더라도 자신의 가게에서만 할 수 있는 마케팅을 궁리하고 시도해보시기 바랍니다.

CHAPTER 01

한 번 고객, 천 번 오는 작은 가게 만들기

'한 번 고객, 천 번 오는 작은 가게 만들기'라고 제가 자신 있게 말씀드리는 이유는 제가 운영하고 있는 가게가 실제로 성공한 전략이기 때문입니다. 바로 '바인더 쿠폰&출석 도장 문화' 전략입니다. 다른 가게와 달리 카페허밍만이 가지고 있는 차별화된 문화 중 하나죠.

카페허밍의 단골 고객님들은 커피를 주문한 뒤 총 2,000명이 적혀 있는 쿠폰북에서 자신의 이름을 찾아서 카운터에 펼쳐놓습니다. 그러면 바리스타가 그날 날짜를 잔 수에 맞게 찍어주는 것이죠. 많은 분들이 쿠폰북을 재밌어합니다. 저는 그것이 '누적'이라는 요소 때문이라 생각합니다. 쿠폰북에는 숫자만 쌓이는 것이 아닙니다. 허밍 쿠폰북에 진짜로 쌓이는 것은 바로 자신만의 '시간'과 '스토리'죠.

이 쿠폰북 시스템은 2012년 9월 24일 매장 오픈 이후 1년 뒤인 2013년 10월 1일부터 실행했습니다. 그전에는 쿠폰 자체가 없었죠. 그렇게 쿠폰북 시스템을 시행한 후 현재까지 총 3,000명이 넘는 고객들이 쿠폰북에 이름을 등록해주셨습니다.

2022년 현재 100잔 이상 음료를 드신 분들이 450명이 넘습니다. 저희 허밍에서는 쿠폰북을 앞뒤 1장을 다 찍은 분, 즉 250잔을 드신 분에게는 '명예의 전당'이라는 칭호와 고유 넘버를 부여하고 있습니다. 명예의 전당에 오른 분들은 현재 248명이나 됩니다. 그리고 1,000잔 이상 드신 분들은 40명이나 됩니다. 이분들을 저희는 '로열 패밀리'라고 부르고 있습니다.

2022년 현재 저희 매장에서 커피를 가장 많이 드신 고객님은 '김설영 고객님'으로 현재까지 총 3,258잔을 드셨습니다. 설영 고객님은 저희 매장의 오픈부터 10년 동안 찾아주시는 고객님이기도 하지요. 이분만이 아니라 명예의 전당과 로열패밀리의 다른 고객님들 또한 오픈부터 지금까지 10년 가까운 시간 동안 매일 찾아주시는 분들입니다. 아까 말씀드린 100잔 이상 드신 분들은 이사를 가지 않는 한 시간이 지나면 언젠가 250잔, 1,000잔을 드시겠지요.

쿠폰북과 출석 문화는 감성 마케팅이라고 할 수 있습니다. 감성 마케팅의 핵심은 바로 고객과의 관계입니다. 관계가 맺어져야 서로 감성을 나눌 수 있는 것이죠. 사랑에 빠지는 단계와 비슷합니다. 우리는 매우 이성적인 존재이지만 사랑에 빠지면 감성적 존재가 되어 버립니다. 이성적인 눈으로 조건을 볼 때는 별 볼 일 없어도 사랑에 빠진 눈으로 보면 너무 매력적으로 보이는 것이죠. 이런 점에서 마케팅의 목표는 고객이 사랑에 빠지게 만드는 것입니다. 그래서 저는 3단계로 마케팅 전략을 구분했습니다.

| 감성으로 붙잡는 단골 마케팅 3단계

1단계: 느낌

사랑에 빠졌을 그 당시를 기억해보세요. 우리는 보통 느낌에 이끌립니다. 이 느낌이라는 것은 명쾌하게 "이거다!"라고 정의 내리기가 매우 힘든 것입니다. 하지만 분명 존재하는 것이죠. 고객이 매장에 들어가거나 혹 비즈니스를 할 때 첫 판단의 근거가 바로 '느낌'입니다.

2단계: 관계

우리는 어떤 이야기를 할 때 "나는 저 사람과 관계가 없어", "나는 저 사람과 관계가 좋아"라는 식으로 말하곤 합니다. 매장이나 비즈니스도 마찬가지입니다. 우리도 대부분의 매장 혹 비즈니스와는 관계가 없지만, 어떤 곳과는 매우 밀접한 관계를 맺고 있듯이 말이죠.

3단계: 감성

두 번째 단계의 관계가 지속되고 강화되면 고객의 마음에는 '신뢰'가 생기게 됩니다. 고객의 신뢰 혹 사랑은 로열티를 창출합니다. 사랑은 허다한 허물을 덮는다는 성경의 말씀을 인용하지 않더라도 고객의 신뢰를 얻거나 공감, 혹은 사랑을 받는 기업은 그 어떤 것보다 많은 것을 얻은 기업이 되는 것입니다. 즉, 감성 마케팅을 다르게 표현하면 어떻게 고객의 신뢰를 얻어낼 것인지에 대한 문제입니다.

가장 기본이 되는 것은 역시 제품입니다. 하지만 제품이 성공을 보장하지는 않습니다. 제품의 질은 이미 올라갈 만큼 올라갔으며, 차별화하기 힘든 것이 사실입니다. 결국 제품 이후 고객과 관계를 맺고, 신뢰를 얻는 것이 비즈니스 성공의 승패를 결정합니다. 그렇다면 어떤 방법으로 고객에게 좋은 느낌을 주고, 어떤 관계를 맺고, 어떻게 감성을 공유해야 할까요? 이야기를 하나씩 풀어보도록 하겠습니다.

CHAPTER 01

단골 마케팅 Step 1
: 느낌을 주는 가게

모르는 도시에 가서 식당을 고를 때 사람이 아무도 없는 식당은 왠지 꺼려집니다. 맛이 없을 것 같다는 생각이 들어 다른 식당을 찾다가 사람들이 북적거리는 곳을 발견하면 그리로 들어갑니다. 휴대폰으로 맛집을 검색해 추천이 많거나 블로그 포스팅이 많이 올라온 곳을 찾아가는 사람도 많죠.

저희 가게에서는 정기적으로 작가 초청 행사를 하곤 합니다. 작가 초청 모임이 열린 뒤 작가님들을 대전역으로 배웅해드리다 보면 대전역 안에 있는 '성심당'이라는 빵집을 지나가야 합니다. 다른 매장은 한산한데 성심당 앞에는 항상 사람들이 줄을 서 있습니다. 그걸 본 작가님들은 저에게 저기는 어떤 곳이고 대체 무엇을 팔길래

저렇게 사람들이 많으냐고 물어보시곤 합니다. 그럼 저는 "작가님, 저기는 대전에서 가장 유명한 빵집이고요. 튀김 소보로가 맛있다고 소문이 나서 저렇게 줄을 서서 사는 것 같습니다"라고 답변을 해드리죠. 그러면 작가님들도 그 빵을 사야겠다며 줄을 섭니다.

| 사람의 기척이 모여야 가게로 사람이 모인다

장사가 잘되는 곳에서는 모두 '사람의 기척'이 느껴집니다. 사람의 기척이란 사람들이 많이 오고 간 느낌을 말하죠. 오래되고 허름한 맛집이 장사가 잘되어 신규 건물로 이전하거나, 인테리어를 새롭게 바꾸는 경우가 있습니다. 이 경우 대부분 장사가 이전보다 잘되지 않고 망하기까지 합니다. 대체 이유가 뭘까요? 더 좋은 상권으로 이사도 했고, 분명 시설도 더 좋아졌을 텐데 말이죠. 이유는 바로 그 가게에 있던 '사람의 기척'이 없어졌기 때문입니다.

사람의 기척 중 최고봉은 역시 '줄 세우기'입니다. 사람들이 줄 서서 먹고 사는 곳에서는 엄청난 사람의 기척이 나는 법이죠. 물론 줄 세우기가 아닌 다른 모습으로도 사람의 기척을 낼 수 있습니다. 서울 대학로 혜화역 3번 출구 앞에는 1956년 오픈하여 지금까지 운영 중인 학림다방이라는 곳이 있습니다. 학림다방은 서울대 문리대 건너편에 있어 일명 '문리대 제25강의실'이라는 별칭을 얻을 정도로 학생과 예술인들의 사랑을 받아온 곳이죠. 2층을 올라가는 계단은 나무로 되어 있어서 밟고 올라가면 '삐그덕 삐그덕' 소리가 납니다. 56년도 테이블과 소파가 있는 곳에 앉아 바리스타가 있는 바를 쳐다보면 오래된 LP판이 보입니다. SBS 드라마 〈별에서 온 그대〉와 tvN의 〈응답하라 1997〉이 인기를 끌면서 비엔나 커피를 마시러 많은 사람이 찾아오기도 하는 곳이죠.

이런 곳을 우리는 '분위기 있는 가게'라고 말하곤 합니다. 우리가 소위 말하는 '분위기 있는 가게'는 꼭 비싼 돈으로 치장한 가게만이 아닙니다. 분위기를 잘 살펴보면 그 중심에 '사람의 기척'이 있습니다. 오랫동안 많은 사람이 찾은 곳은 기척이 쌓여 그곳만의 분위기와 온기가 생기기 마련입니다. 사람들은 본능적으로 따뜻한 느낌이 나는 곳을 좋아합니다. 반대로 사람들이 전혀 찾지 않는 곳에는 한기가 서리게 되는 것이죠.

가게를 오픈하고 나카야마 신야의 저서 《라쿠텐 쇼핑몰 CEO들의 성공법칙 10》(앱북스, 2012)를 읽으며 처음으로 '사람의 기척'이라는 개념을 깨달았습니다. 그리고 고민이 많아졌죠. 제가 오픈한 가게는 성심당처럼 줄을 세우기도, 학림다방처럼 오래되지 않았다는 점이었습니다. 이런 상황에서 여러분이라면 여러분의 가게에 어떻게 사람의 기척을 내겠습니까? 잠시 읽던 책을 멈추고 생각해보시길 권합니다. 사람의 기척, 즉 사람들이 많이 오고 간다는 느낌을 말이죠.

| 쿠폰북으로 기록하기

손님이 없어 한산할 때에도 많은 사람이 오갔다는 것을 보여줄 수 있는 장치가 없을까 고민하기 시작했습니다. 고민 끝에 처음 시도한 것이 바로 쿠폰북이었습니다. 오시는 고객마다 쿠폰북을 만들라고 제안했죠. 그리고 그렇게 모인 쿠폰북 명단을 리스트화해서 유리창에 쓰기 시작했습니다. 유리창에 쓸 때는 닦아도 지워지지 않는 페인트마카를 사용했습니다. 유리창에 쓴 다음에는 컵홀더 뒷면에 커피를 가장 많이 마신 고객님의 이름을 인쇄해 넣어드리기 시작했습니다.

쿠폰북 속지는 앞뒤로 총 250칸을 만들었습니다. 이름, 생일, 하는 일, 꿈, 음료 취향, 바리스타 메모를 적을 수 있는 칸을 만들었죠. 그리고 찾기 편하게 백과사전처럼 가나다 이름순으로 배열해서 꽂아놓았습니다. 쿠폰북이 주는 효과는 크게 두 가지입니다. 하나는 가게에 얼마나 많은 사람이 방문했는지, 두 번째는 얼마나 많은 사람이 이 가게에서 커피를 마셨는지를 시각적으로 보여줄 수 있다는 점이죠. 두 가지 효과 모두 고객에게 커피를 마시기 전, 혹은 마시면서 '신뢰'를 주기 위한 장치였습니다.

그렇다면 왜 사람의 기척과 신뢰가 중요할까요? 행동경제학을 공부하다 '휴리스틱(heuristics)'이란 개념을 알게 되었습니다. 휴리스틱이란 시간이나 정보가 불충분하여 합리적인 판단을 할 수 없거나, 굳이 체계적이고 합리적인 판단을 할 필요가 없는 상황에서 신속하게 사용하는 '어림짐작의 기술'을 말합니다. '사람들이 많이 모인 곳은 맛집일 확률이 높다. 많은 블로거가 포스팅한 곳은 맛있을 것이다. 혹은 전문가가 추천한 집, 방송에 나온 집, 유명한 집이 좋을 것이다'라고 생각하는 모든 것이 이 휴리스틱 때문입니다. 커피 맛도 이 휴리스틱 영향을 많이 받게 되는 것이죠.

"사장님이 내린 커피와 알바생이 내린 커피는 맛이 다른 것 같아요"라고 말하는 것도 휴리스틱 때문이라고 저는 생각합니다. 실제로 블라인드 실험을 해보면 사장이 내린 커피와 알바가 내린 커피를 가려낼 수 없는 것처럼 말이죠.

경희대 근처 파전 골목에 낙서파전이라는 가게가 있습니다. 여기는 낙서를 통해 사람의 기척을 나타낸 곳입니다. 빼곡히 써진 낙서들을 보면 대학생들이 적은 글귀가 많습니다. 대학을 떠나도 자신이 학생 때 해둔 낙서를 보기 위해 다시 방문하는 사람들도 꽤 많다고 합니다. 낙서파전이 많은 파전가게가 모여 있는 이 골목에서 유독 장사가 잘되는 이유를 한번 생각해봅시다.

이제 감성 마케팅의 첫 번째 단계인 '느낌'에 대해서 감이 잡힐 것입니다. 사람의 기척을 내는 방법은 이 밖에도 많습니다. 오늘부터 다른 가게에 가셨을 때 이 기척들을 찾아보는 것도 많은 공부가 될 것입니다. 그럼 다음 단계로 넘어가 보겠습니다.

CHAPTER 01

단골 마케팅 Step 2
: 관계를 맺는 가게

　지금까지 사람의 기척이 들어오기 전이나 들어온 직후의 '느낌'을 이야기했다면 지금부터 말씀드릴 내용은 고객이 들어오고 난 후에 어떻게 할 것인지에 대해서입니다. 그전에 장사하는 사람이라면 꼭 읽어야 할 보물 같은 책을 한 권 소개하고자 합니다. 다카다 야스히사가 쓴 《한 번 고객 백 번 오게 하라》(아르고나인미디어그룹, 2015)라는 책입니다. 이 책에서는 판매 방법만 바꿔도 돈 버는 장사를 할 수 있다는 것을 사례를 통해 보여줍니다. 다카다 야스히사의 고객 전략에 따르면 우리 가게를 찾는 고객들의 이름뿐만 아니라 그 고객이 무엇을 구매했고, 생일은 언제이며, 가족 구성은 어떠하고, 가족들의 생일은 언제이며, 취미와 직업을 비롯 최근 집중하고 있는 일, 장래 희망, 좋아하는 음식, 출신 학교, 반려동물의 이름까지도 모아두면 매우 유용하다고 말하고 있습니다. 물론 이렇게까지 모으는 것은 불가능하겠지만 말이죠.

저는 이 책을 읽으면서 고객 정보를 많이 모으는 것만이 아니라 가게에서 고객에게 관심을 먼저 보이는 것이 핵심이라는 생각을 했습니다. 다카다 야스히사는 다이렉트 메일을 전략적으로 사용했지만 우리는 호텔이 아니기 때문에 조금의 변형이 필요했습니다. 우리는 앞으로 한 권의 책을 사서 읽으면 그들만의 노하우나 성공 사례가 나왔을 때 그냥 넘어가는 것이 아니라 어떻게 하면 저것을 변형해서 우리 가게에 적용할 수 있을까를 고민해야 합니다. 그런 고민에 가장 도움이 되는 방법은 바로 책의 저자가 되어서 생각해보는 연습을 하는 것입니다. '이 책의 저자가 지금 우리 매장을 운영한다면 어떤 방법으로 운영을 할까?'라는 질문을 스스로 던져보는 것이죠. 이런 질문을 계속적으로 던지는 훈련을 하면서 책을 읽으면 생각지도 못한 아이디어가 떠오를 때가 종종 있습니다.

| 단골 고객을 만드는 3단계 프로세스

저희 가게에서는 첫 방문 고객을 단골 고객으로 만드는 방법을 3단계 프로세스로 만들어보았습니다. 이 방법은 저희 매장뿐만 아니라 강의를 듣거나 컨설팅을 받은 업체에서도 비슷한 결과를 낸 방법이기도 합니다.

> 1단계: 고객과의 관계 형성
> 2단계: 공간에 대한 애착 관계 형성
> 3단계: 누적과 경쟁으로 얻은 보상을 통한 관계 강화

1단계: 고객과의 관계 형성

가게에 들어온 고객과 우리는 어떻게 관계를 맺을 수 있을까요? 첫 번째는 인사와 대화입니다. 아이컨택을 하고 들어오는 고객에게 진정으로 환영한다는 마음을 담아 인사를 잘하기만 해도 매출이 올라갑니다. 이 말을 반대로 생각해보면 인사를 잘하지 않는 곳이 그만큼 많다는 말이 되기도 합니다. 인사와 대화로 관계가 형성되기는 하지만 누구나 다 그렇게 할 수 있는 것이 아닙니다. 따라서 우리는 고객과의 관계 형성을 위한 시스템을 만들어야 합니다.

이것을 경영학 용어로는 '서비스 설계' 혹은 '서비스 디자인'이라고 말하기도 합니다. 서비스 설계를 간단히 설명하자면 '페르소나' 즉 가상 고객 유형을 하나의 캐릭터로 만들어, 그 고객이 우리 매장에 들어와서 상품을 구매하고 나가는 동선을 가시화하는 '고객 경험 지도' 작업을 하고 이를 토대로 '서비스 청사진'을 만드는 것입니다.

다시 고객과의 관계 형성으로 돌아와서, 패밀리 레스토랑에 가면 계산대에 있는 명함추첨함을 다들 자주 보셨을 겁니다. 명함추첨함도 관계 형성을 위한 시스템 중 하나입니다. 명함에는 이름과 연락처뿐만 아니라 이메일과 주소까지 나올 테니 말이죠. 하지만 명함추첨은 일부 고객들만 참여한다는 단점이 있습니다. 그래서 많은 가게가 할인쿠폰을 발급합니다. 그러나 쿠폰으로 고객과 관계를 맺기에는 한계가 있죠. 그래서 저희는 쿠폰북을 만들고 그 쿠폰을 가게에 놓고 다니는 방법을 취했습니다.

그리고 신규 고객들이 오면 쿠폰북을 만들 것을 권합니다. 물론 안 만드는 분도 계시지만 10잔을 드시면 음료 쿠폰이 나온다는 점과 여기에 놓고 다니시면 편하다는 점, 쿠폰을 쓰면 유리창에 이름을 새겨준다는 점 등을 알려드립니다. 그러면 많은 분들이 쿠폰북에 고객 등록을 해주십니다. 저희와 고객과의 관계는 거기에서부터 시작됩니다.

2단계: 공간에 대한 애착 관계 형성

그다음 단계는 고객들에게 가게가 자신의 공간이라고 생각할 수 있게 하는 것입니다. 앞장에서 말씀드렸듯 사람의 기척을 인테리어에 활용하면 됩니다. 저희는 유리창에 고객님들의 이름을 쓰는 방법을 택했습니다만 꼭 유리창에 고객의 이름을 쓰지 않더라도 VIP 고객 이름이 담긴 액자 또는 상패를 진열하거나, 놀러 오신 분들이 직접 찍은 셀카 사진을 전시하는 방법, 블랙보드를 세워두고 거기에 고객의 소리를 담는 방법들이 있을 수 있습니다.

공간에 대한 애착을 만드는 방법으로 사례를 하나 말씀드려보겠습니다. 21세기 들어 등장해 여성용 스포츠웨어 업계를 휩쓴 룰루레몬이라는 업체의 커다란 칠판 사례입니다.

룰루레몬은 2000년도 캐나다 벤쿠버에서 요가용품 가게로 시작하여 북미와 호주에 200개의 점포를 거느릴 만큼 급성장한 업체입니다. 이 업체 매장에는 '커다란 칠판'이 놓여 있는데 매장 방문 고객이라면 누구나 자유롭게 자신의 기분과 하고 싶은 말을 쓸 수 있도록 해두었습니다. 고객이 칠판에 쓴 내용들은 매니저가 촬영하여 본사에 보내는 시스템을 가지고 있다고 합니다. 고객들은 이 칠판에 자신이 하고 싶은 말을 적으면서 마치 발언권을 얻은 듯한 기분과 동시에 룰루레몬 경영에 참여하고 있다는 기분을 느낀다고 합니다. 이렇게 칠판이나 방명록 같은 장치들은 공간에 대한 애착을 가지게 합니다. 이런 장치가 하나도 없다면 곰곰이 생각해보시고 우리 가게에 맞는 방식으로 하나쯤 만들어보시기를 권합니다.

3단계: 누적과 경쟁에 대한 보상을 통한 관계 강화

사람은 본능적으로 누적과 경쟁 그리고 보상을 좋아한다고 합니다. 정확히는 그러한 것들의 '느낌'을 좋아하는 것입니다. 마케팅을 할 때는 이 3가지를 어떻게 적용시킬지 고민할 필요가 있습니다.

저희는 눈에 보이는 아날로그 쿠폰북을 통해 '누적'되어간다는 것을 느끼게 만들었습니다. 요즘에는 편리한 디지털 쿠폰도 많이 나오고 있습니다. 하지만 디지털의 단점은 누적되어가고 있다는 '재미'를 주기가 아날로그보다 힘들다는 점입니다. 실제로 저희 카페에 오신 분들은 누적되어 있는 쿠폰북을 보면서 재미있어하십니다.

경쟁은 인간의 본성입니다. TV나 유튜브 프로그램만 해도 TOP10이라든지, 랭킹이라든지, 순위 같은 것을 넣어서 콘텐츠를 만들잖아요. 누가 가장 많은 커피를 사 먹었는지, 그 잔 수는 몇 잔인지 같은 어찌 보면 '사소한 정보'라도 랭킹이라는 요소를 넣으면 재미있어집니다. 그리고 은근히 승부욕이 생기기도 하죠. 저희는 1,000잔 이상은 로열패밀리, 250장 이상은 명예의 전당이라는 호칭을 드리며, 여기부터는 쿠폰북도 달라지게끔 만들었습니다.

마지막으로 '보상'입니다. 누적과 경쟁을 하는 이유는 바로 보상 때문입니다. 다만 이 보상이라는 것은 차별화된 보상을 말합니다. 저희 같은 경우 일반 쿠폰북은 10잔을 마시면 음료 쿠폰을 드리는 보상을 시행합니다. 여기까지는 여타 다른 카페들과 동일한 보상이죠. 하지만 명예의 전당부터는 조금씩 달라집니다.

명예의 전당은 5번째에는 아메리카노 쿠폰을 10번째에는 음료 쿠폰을 드림으로 보상의 주기를 빠르게 만들었습니다. 그리고 로열패밀리부터는 5번째와 10번째 모두 음료 쿠폰을 드리는 보상을 드리고 있죠. 이것의 효과는 생각보다 굉장합니다. 특히 가격 경쟁에서 조금은 자유로워질 수 있습니다.

현재 저희 카페의 아메리카노 가격은 3,500원입니다. 그리고 가장 비싼 음료는 프라페나 수제차 종류로 5,200원에서 5,500원 사이입니다. 음료 쿠폰은 메뉴판에 있는 모든 음료를 종류와 상관없이 먹을 수 있습니다. 그러면 고객 입장에서는 5번째마다 5,500원씩 세이브가 된다고 느껴지는 것이죠. 5잔을 한꺼번에 사서 음료 쿠폰을 받게 되면 전체 금액에서 5,500원이 할인되었다고 느껴지기도 합니다. 이 쿠폰북 시스템 덕분에 저희 카페 주변에 4개의 카페가 더 생겼음에도 불구하고 아직까지도 명예의 전당과 로열패밀리 고객님들이 꾸준히 찾아주시는 것 같습니다.

자, 그럼 여러분도 제가 제시한 단골 고객을 만드는 3단계 프로세스를 바탕으로 자신의 매장만의 단골 고객 만드는 프로세스를 만들어보시기 바랍니다.

CHAPTER 01

단골 마케팅 Step 3
: 감성이 있는 가게

고객과의 관계를 강화하기 위한 감성 마케팅의 마지막 3단계, 감성을 나누는 방법을 알아보도록 하겠습니다. 감성을 나누는 데 있어 가장 핵심은 바로 고객에게 '가치'를 제공하는 것입니다.

| 존경과 사랑을 받는 따뜻하고 유능한 브랜드

남양주 북한강 자락에는 '왈츠와 닥터만 커피박물관'이라는 곳이 있습니다. 이곳에서는 매주 금요일 밤마다 해설이 있는 음악회가 2006년 3월 3일부터 지금까지 매주 열리고 있습니다. 사람들은 왈츠와 닥터만에서 커피를 마시고, 또 레스토랑에서 식사를 한 후 이

공연을 보기 위해 박물관으로 들어옵니다. 홍길동의 아버지 신동헌 화백, 서울대 명예교수인 성광모 교수, 음악 칼럼니스트인 중앙대의 이준일 교수 등이 음악 해설가로서 진행하거나 아니면 연주가가 직접 해설을 하기도 합니다. 이 해설은 수준이 굉장히 높으면서 이해하기가 쉽습니다. 닥터만 금요음악회는 벌써 10년 넘도록 운영하고 있으니 이곳만의 고유한 문화로 자리를 잡은 것입니다.

현대 심리학계를 대표하는 심리학자 수잔 피스크와 포춘 500대 기업을 대상으로 컨설팅하는 마케팅 전문가 크리스 말론은 《어떤 브랜드가 마음을 파고드는가》(전략시티, 2015)에서 인간이 다른 인간을 인식하고 관계를 맺는 방법과 인간과 브랜드가 관계를 맺는 방법은 동일하다고 주장합니다. 오늘날 자신의 브랜드를 성공시키고 싶다면 심리적으로 고객과 관계 맺는 방법을 깨달아야 합니다. 산업화시대가 열리면서 기업은 고객의 마음을 조종하려고 하는 이른바 고전 마케팅을 하고 있는데, 이를 버리고 고객과 공동의 가치를 공유하고 개인적인 인간관계를 형성해야 한다는 것이죠. 그리고 그 모델로 원시시대 때부터 인간이 생존을 위해 사용한 판단 근거인 '따뜻함'과 '유능함'의 기준을 제시하고 있습니다.

이 따뜻함과 유능함을 말로 풀어보면 다음과 같다고 합니다. 따뜻함이란 '그들은 무슨 의도로 나에게 접근했을까?'이며, 유능함이란 '그들은 목적한 바를 달성할 능력이 있을까?'라는 것입니다. 인간은 따뜻하고 유능한 사람을 신뢰하고 존경하며 그들과 지속적으로 만나기를 원한다고 합니다. 따뜻하지만 무능한 사람은 그저 동정하고 측은하게 여기며, 유능하지만 차가운 사람은 시기하고 의심하며, 차갑고 무능까지 하다면 멸시와 경멸을 하게 된다고 합니다. 또한 사람들은 자신에게 중요하고 가치 있는 좋은 의도를 가진 사람의 실수를 용서하고 싶어 하는데, 이런 심리는 브랜드에도 동일하게 적용된다는 것이죠. 따뜻하고 유능한 브랜드는 존경과 사랑을 받고, 유능하지만 차가운 브랜드들은 시기와 의심을 받는다는 것입니다.

| 나이키, 포프리쇼의 가치 공유

"저스트 두 잇(JUST DO IT)"을 외치며 자신의 한계를 깨라고 메시지를 던지는 나이키는 그저 신발만 파는 브랜드가 아니라는 것을 우리는 잘 알고 있습니다. 나이키 코리아는 2008년 '휴먼레이스'를 통해 대한민국 러닝문화에 일대 변혁을 일으킵니다. 또한 '위런 서울'과 '우먼스 하프 마라톤'까지 동일하게 "도전이 곧 승리가 될 수 있다"라는 메시지를 던지면서 진행하고 있고, 많은 이가 여기에 참여하고 열광하고 있습니다.

전라도 광주에 '포프리'라는 회사가 있습니다. 이곳에서 판매하는 것은 계란, 쌀, 콩나물 같은 유기농 식품들이죠. 이 회사의 사명은

"고객에게 최고의 건강을 전달한다"입니다. 이 회사는 다른 회사들과 다른 마케팅 방법을 선보이고 있습니다. 바로 매달 첫 번째 주 토요일 포프리쇼를 개최하는 것이죠.

포프리쇼의 기획 의도를 보면 "최고의 건강을 위해서 식품은 포프리가, 정신 건강은 포프리쇼가"라는 말이 나옵니다. 이 토크쇼는 스타강사 김창옥 교수가 소통이라는 주제를 가지고 매달 진행합니다. 현재 유튜브에서 포프리쇼를 검색하면 290개 이상의 강의가 있습니다. 저도 자주 즐겨 보곤 합니다.

왜 하필 토크쇼 이름이 포프리쇼일까 궁금하여 검색을 해보니 포프리가 유기농 기업의 이름이라는 것을 알게 되었습니다. 물론 토크쇼 중간중간 기업에 대해 아주 짧게 설명하거나, 포프리 사장님을 하나의 캐릭터로 만들어서 소개하는 장면들이 나오기도 합니다. 강의가 좋다 보니 더 많은 사람들이 보게 되고, 또 입소문이 나게 되고 그러면서 자연스럽게 포프리라는 기업이 알려지게 됩니다. 저는 이러한 마케팅 방법들이 아주 효과적이라고 생각이 됩니다. 기업에서 물건만을 판매하는 것이 아니라, 가치를 공유하고 감성을 나누며 다른 경쟁사와 진정한 차별점이 생겨나게 되는 것이죠.

| **우리 가게는 사람들에게 위로를 전합니다**

저희 가게의 사명은 "사람들에게 위로를 전한다"입니다. 저는 이 위로를 전하기 위한 3가지 방법이 있다고 생각했습니다. 첫 번째는 맛있는 커피, 두 번째는 좋은 책, 마지막으로 사람과 사람 간의 만남입니다.

맛있는 커피를 위해 저희 가게는 매일 로스팅을 하고, 주기적으로 블라인드 테스팅을 합니다. 그리고 고객들이 앉았을 때 어디에서나 책을 읽을 수 있도록 좋은 책들을 비치해둡니다. 고객이 기다려야 하는 상황이라면 바리스타들이 "잠시 책을 읽고 계시면 신속하게 만들어 드릴게요!"라고 말하면서 독서를 권합니다. 여기서 말하는 좋은 책이란 대부분 제가 읽고 검증한 책들을 말합니다. 장식용 책이 아닌 정말 삶에 도움이 되고, 또 제가 감명 깊게 읽은 책들을 사방에 두는 것이죠. 그리고 저희 가게에서 책을 보고 눈을 빛내는 사람 그리고 열심히 집중해서 책을 읽는 사람을 보면 저는 독서모임에 나오기를 권합니다. 사람과 사람이 만날 수 있는 공간을 제공하는 것이 저희 가게의 존재 목적이라고 생각하기 때문입니다.

이런 독서문화를 시작한 지 벌써 10년이 되었습니다. 독서문화와 함께 저자 초청 프로젝트로 진행도 하고 있습니다. 강의 주제는 독서법부터 시작해서 재테크, 영어 공부법, 자기 경영까지 폭넓죠. 그리고 지금은 저자 초청을 넘어서, 독서 모임 안에서 저자가 나오고 있습니다. 벌써 4명의 저자와 5권의 책이 독서 모임을 하면서 나왔죠. 사실 독서 모임과 저자 초청으로 수익이 나지는 않습니다. 대부분의 다른 기업들도 초창기에 문화를 만들기 위해 만들었던 것에서 수익을 내지는 못했습니다. 하지만 어떤 가치나 철학을 가지고 꾸준히 진행하면 결국 고객들이 인정하는 하나의 문화가 되고, 나중에는 그 안에서 수익이 발생하는 구조가 된다는 것을 저는 발견했습니다.

지금까지 감성 마케팅에 대해서 저의 노하우를 소개하였습니다. 하지만 감성 마케팅은 수단일 뿐입니다. 더욱 중요한 것은 고객에게 우리가 어떤 가치를 제공할지, 우리가 고객들을 소중히 생각하며 배려하고 있다는 것을 어떻게 알릴지의 문제입니다. 또한 마구잡이식이 아닌 조직화된 노력이 필요합니다. 그를 위해서 오너는 가게가 작든 크든 상관없이 자신만의 단골을 만드는 방법을 규정하고, 프로세스화해야 합니다.

수잔 피스크와 크리스 말론의 말처럼 이제는 '사람 냄새' 나는 관계성에 주목하는 관계 르네상스 시대입니다. 우리는 어떻게 하면 좋은 느낌을 줄 수 있는지, 그다음 어떻게 관계를 맺고, 어떤 감성을 나눠야 할지 고민해야 하는 시대에서 장사를 하고 있는 것입니다.

Notice. 하루 방문자 200명 만드는 작은 가게 단골 마케팅

📝 일 년에 1,095명의 신규고객을 모으는 비법

1) 고객들이 카페를 선택하는 3요소

- 접근성(구매동선): 내가 지금 가고자 하는 동선 안에 있는 가게인가? 가까운가?
- 가격(가성비): 지금 내가 가려는 목적을 생각했을 때 상품에 지불하는 가격이 과연 적절한가?

다른 곳과 비교했을 때 가성비가 높은가?

- 관계(브랜드): 내가 알고 있는 곳인가? 아니면 나를 알고 있는 곳인가? 맛은 검증되었는가?

2) 매일 매일 단골 잡는 '땡큐 쿠폰' 마케팅

- 예쁜 봉투를 준비한다. 봉투에 '땡큐 ○○동'이라고 자신의 동네 이름을 적는다.
- 쿠폰 한 장과 '땡큐 ○○동'에 대한 설명이 담긴 종이를 봉투에 넣는다.
- 매일 3명씩 가게 주변에 있는 사람에게 오너가 직접 대화를 시도하고 쿠폰을 선물로 준다.

📝 한 번 고객, 천 번 오게 하는 단골 마케팅

1) 단골 마케팅 Step 1: 느낌, 사람들의 기척

- 사람의 기척이 모여야 가게로 사람이 모인다.
- 가게 곳곳에 사람들이 흔적을 남길 수 있는 자리 만들어라.
- 쿠폰북으로 고객의 기척 모아라.

2) 단골 마케팅 Step 2: 관계, 단골 만드는 3단계 프로세스

- 1단계: 고객과 관계 형성
- 2단계: 가게 공간에 대한 애착 관계 형성
- 3단계: 누적과 경쟁에 대한 보상과 우대를 통한 관계 강화

3) 단골 마케팅 Step 3: 감성, 가치 제공

- 심리적으로 고객과 관계를 맺어야 브랜드가 성공한다.
- 고객과의 관계를 맺기 위해선 '가치'를 제공해야 한다.
- 존경받는 브랜드에게는 '따뜻함'과 '유능함'이란 가치가 있다.

Chapter 2
작은 가게,
매뉴얼이 경쟁력이다

SUCCESS MANUAL

들어가기

작은 가게에 문화와 매뉴얼이 왜 필요할까?

저의 첫 번째 책인 《나는 스타벅스보다 작은 카페가 좋다》는 카페 창업 초보자들을 위한 책입니다. 그러다 보니 책의 무게가 가게 '창업'에 실리게 되었죠. 이번 책은 가게 '운영'에 초점이 맞춰져 있습니다. '어떻게 하면 조금 더 운영을 잘할 수 있을까?'라는 질문에 답을 주는 책이죠.

운영을 잘하기 위해 꼭 필요한 것이 바로 '매뉴얼'입니다. 그렇다면 매뉴얼의 본질은 무엇일까요? 매뉴얼을 만든다는 것은 보이지 않는 것을 보이도록 만드는 것을 뜻합니다. 즉, 오너가 가진 스피릿과 스킬을 함께하는 바리스타들이 볼 수 있도록 글로 정리하는 작업이죠. 혼자 일한다고 해도 매뉴얼은 필요합니다. 내 생각과 철학, 일하는 방식과 순서를 글로만 정리해두어도 생산성과 성과가 올라간다는 사실을 알게 될 것입니다. 그리고 언젠가 직원이 생길 테니, 카페 창업부터 운영, 마케팅, 고객관리 등 전 영역에 대해 매뉴얼 작업을 해두어야 하죠.

그렇다면 이 매뉴얼은 누구를 위한 것일까요? 매뉴얼이 있으면 고객은 물론 직원들에게도 도움이 됩니다. 하지만 매뉴얼로 가장 많은 혜택을 받는 사람은 오너 자신입니다. 매뉴얼이 있어 일이 조금 더 편해지고, 생산성이 올라가고, 착오가 없어지며, 내가 가진 스피릿이 직원에게 넘어감으로써 얻는 최종 수혜는 역시 오너의 몫이기 때문이죠.

가게의 '문화'도 마찬가지입니다. 독서 모임을 만들고, 저자 강연을 열고, 콘서트를 기획하고, 프리마켓을 여는 것도 결국은 오너를 위한 것입니다. 가게를 운영하는 입장에서 이런 문화들이 우리에게 주는 이점은 가게의 존재를 고객들에게 알리는 마케팅의 일환인 것이죠.

하지만 문화가 없어 매출에 큰 타격을 받거나 문화를 만든다고 매출이 급상승하지는 않습니다. 문화는 어디까지 '옵션'이지 본질이 될 수는 없습니다. 음식점은 메인 음식이 맛있어야 하고, 카페는 역시 커피가 맛있어야 합니다. 콘셉트도 좋고, 문화도 좋지만 본질이 흐려지지 않게 조심해야 합니다. 전문성 위에 콘셉트와 문화를 얹는 것은 좋지만, 전문성도 없는데 어정쩡하게 콘셉트와 문화를 얹는 것은 기초 공사 없이 건물을 쌓는 것과 같습니다.

'독서 모임'이란 문화는 자연스러운 가게 홍보와 함께 책을 읽는 문화를 동네에 전파하여 고객들을 유익하게 만듭니다. 또한, 책으로 삶이 변한 고객들은 가게에 대해 좋은 소문을 내주죠. 따라서 독서 모임으로 얻는 가장 큰 이익은 오너가 지치지 않고 자신을 지속적으로 계발할 수 있다는 것입니다. 《미라클 모닝》(한빛비즈, 2016)의 저자 할 엘로드는 어떠한 성공도 자기계발을 뛰어넘는 경우는 없다고 했습니다. 순서로 보자면 자기계발이 먼저이고, 그 결과로 성공이 따라온다는 것이죠.

"강한 놈이 살아남는 것이 아니라, 살아남는 놈이 강한 놈이다."

작은 가게 오너에게도 이 말은 동일하게 적용됩니다. 작은 가게가 오래 살아남기 위해서는 두 가지가 필요합니다. 바로 '재미'와 '의미'입니다. 어떤 가게 문화를 만들든 이 두 가지는 반드시 가지고 가야 합니다. 그래야 오래할 수 있습니다. 재미와 의미가 있는 문화를 만들고, 또 그 문화를 오래 유지하고 싶다면 또 하나가 필요합니다. 바로 매뉴얼입니다. 앞서 말씀드린 업무 매뉴얼과 마찬가지로 '모임의 정통', '모임의 방식', '모임 규칙'을 모두가 볼 수 있도록 만들어야 합니다.

다음 장부터는 어떻게 신규 고객을 만들고 관리할지부터 업무 매뉴얼을 만드는 법 그리고 모임을 진행하는 방법에 대해 나눠보고자 합니다. 물론 제가 하고 있는 방법이 정답은 아닙니다. 하지만 제가 지금껏 시행착오를 겪으며 만든 이 방법들이 알짜 힌트는 되리라 생각합니다.

    그럼 다음 장부터 하나씩 살펴보도록 하겠습니다.

CHAPTER 02

매뉴얼이 가게의
경쟁력을 높인다

    첫 번째 장에서는 고객과의 관계를 어떻게 프로세스화할 것인지에 대해서 말씀드렸다면 이번 장에서부터는 매장의 경쟁력을 강화시키는 방법에 대해 소개해보려고 합니다. 매장의 경쟁력을 높이기 위해서 가장 필요한 것은 무엇일까요?

| 가게의 성장동력, 매뉴얼을 만들어라

    요식업을 하는 작은 가게 오너라면 재료를 너무 많이 주문해서 버리거나, 혹은 금요일 저녁이 되어서 재고 확인을 했더니 주말에 판매할 재료가 없는 경우를 한두 번씩 겪어보셨을 것입니다. 작년에 분명 진행했던 일인데 기억이 나지 않아서 처음부터 다시 하거나 정말 저렴하게 납품해줬던 업체가 있었는데 연락처가 없어져서 다시 찾아보려고 하면 못 찾는 경우도 많죠. 새 직원이 들어오면 늘 무엇부터 가르쳐야 하는지 몰라서 우왕좌왕하고, 했던 말을 또 하거나 아니면 정작 중요한 내용은 빠트리는 경우도 많습니다.

이런 문제들이 발생하는 근본적인 이유는 대체 무엇일까요? 분명 날이 가고, 해가 갈수록 업무 노하우와 운영 노하우가 쌓여야 하는데 왜 할 때마다 어렵고 힘이 드는 것일까요? 재료 낭비만 낭비가 아닙니다. 우리가 업무에 쏟는 에너지와 시간도 낭비될 수 있습니다. 저는 이런 낭비가 일어나는 대부분의 원인이 바로 '매뉴얼의 부재'라고 생각합니다.

매뉴얼을 만들기 위해서는 '암묵지' 즉, 우리 머릿속에 있는 지식을 눈에 보이는 '형식지'로 만들어내야 합니다. 즉, 보이지 않는 일련의 경험과 노하우를 체계적으로 정리해서 문서화해야 하는 겁니다. 물론 이런 문서만으로는 충분하지 않습니다. 그래서 매뉴얼과 함께 필요한 것이 '매뉴얼 교육'입니다. 교육 없이 문서만으로는 오너의 암묵적 지식을 온전히 전달하기 어렵기 때문이죠.

암묵지와 형식지에 대해 연구사례가 하나 있습니다. 바로 1970년 과학자 콜린스의 'TEA 레이저 기술의 전파 과정 연구'입니다. 1970년 TEA 레이저를 처음 개발한 캐나다 국방 연구 실험실은 다른 연구

팀도 이를 만들 수 있도록 설계도를 공개했지만, 문서만 보아서는 레이저를 만들 수는 없었습니다. 전화 통화나 방문을 통해 '접촉'을 한 팀만이 성공적으로 그 TEA 레이저를 만들 수 있었다고 합니다. 이것은 무슨 의미일까요? 우리가 암묵지를 형식지로 만든다고 해도 지식을 가르치기 위한 접촉, 즉 교육이 함께 있어야 지식의 전승이 이루어진다는 것입니다. 그래서 매뉴얼 작업과 매뉴얼 교육은 늘 함께 가야 하는 것입니다.

매뉴얼을 만들고 이를 체계적으로 구성원에게 교육시키는 업체는 곧 업계의 표준이 됩니다. 표준이 된 자들이 결국 브랜드 챔피언과 마켓 리더가 되는 것입니다. 물론 이는 하루아침에 되는 것이 아닙니다. 방직공장으로 시작하여 지금은 우리가 모두 알고 있는 자동차를 생산하는 세계적 기업 도요타는 1933년 도요타 방직회사 내에 자동차 사업부를 설치하여 본격적으로 자동차를 만들기 시작했습니다. 1935년 생산성을 높이기 위한 '저스트 인 타임' 개념을 시작으로 도요타의 창업주 도요타 기이치로는 손수 매뉴얼북을 만들기 시작했고, 매뉴얼은 총 2천 페이지가 넘는 양이 되었습니다. 그리고 그 매뉴얼들은 지금까지 계속 발전하면서 도요타의 성장동력이 되고 있다고 합니다.

스타벅스의 5가지 행동원칙

커피업계의 표준을 만드는 스타벅스도 매뉴얼과 교육에 있어서는 정평이 나 있습니다. 바리스타 트레이닝북부터 슈퍼바이저 트레이닝북, 매뉴얼북, 점장 가이드북, 매장 가이드북, 집기 가이드북 등 일에서 접할 수 있는 모든 것을 거의 다 매뉴얼로 만들었다 해도 과언이 아닐 정도입니다. 매뉴얼북이나 교육방법에는 음료를 표기하는 마킹방법부터 바 안에서의 동선과 음료를 만드는 순서에 대한 루틴 동작까지 세밀하게 매뉴얼화되어 있을 정도입니다. 스타벅스 고객서비스 매뉴얼인 '그린 에이프런북'에 적혀 있는 스타벅스의 5가지 행동원칙은 다음과 같다고 합니다.

❶ 환영합니다. Be Welcoming.
❷ 진심으로 대합니다. Be genuine.
❸ 배려합니다. Be considerate.
❹ 지식을 갖춥니다. Be knowledgeable.
❺ 함께합니다. Be involved.

스타벅스는 여기에서 끝나는 것이 아니라 이 5가지 행동원칙을 교육하고 또 경험과 사례를 공유하고 있습니다. 그중 인상적인 사례는 피트 할아버지 사례입니다. 매일 아침 스타벅스에 들러 라떼

한 잔을 사 가는 피트 할아버지를 보고 스타벅스 직원들은 '피트'라고 부르며 따뜻한 인사를 건넸다고 합니다. 몇 년 동안 한 번도 안 빠지고 매일 오던 피트 할아버지가 어느 날부터 커피를 사러 오지 않았습니다. 몇 주가 지난 뒤 한 젊은 여성이 그 매장을 찾아왔습니다. 바로 피트의 딸이었죠. 여성은 아버지의 유품을 정리하다 스타벅스 종이컵이 잔뜩 든 비닐봉지를 발견했고, 거기에서 피트라고 정성스레 이름이 적힌 스타벅스 컵을 보게 된 것이죠. 그 컵을 본 그녀는 그동안 아버지에게 따뜻함을 전해준 스타벅스 직원들에게 감사함을 전하기 위해 매장에 온 것이라고 합니다.

저는 이 이야기를 읽으면서 이런 사연을 만들 수 있는 그들만의 매뉴얼이 참 부러웠습니다. 그리고 도전하고 싶었습니다. 사례만을 놓고 볼 때, 우리가 알 수 있는 것은 스타벅스는 우선 고객 이름을 마킹하는 매뉴얼과 고객 응대에 대한 교육이 철저했고, 또 직원들이 자발적으로 그런 문화를 만들어간다는 사실입니다.

작은 가게도 이런 매뉴얼을 만들 수 있다고 저는 생각합니다. 물론 세계적 기업인 도요타나 스타벅스 수준의 매뉴얼을 만드는 것은 불가능하겠지요. 하지만 그들도 처음부터 완성도 있는 매뉴얼을 만든 것은 아닙니다.

그럼 우리는 어떤 매뉴얼을 만들어야 할까요? 가장 우선되는 매뉴얼은 역시 레시피 매뉴얼입니다. '설마 그런 기본적인 것이 없겠어?'라고 생각하실지 모르지만 의외로 이 레시피 매뉴얼이 문서화되어 있지 않은 가게들이 꽤 많습니다. 혹은 있기는 하지만 거의 메모 수준으로 되어 있어서 레시피만 보고는 메뉴를 만들 수 없는 경우도 많죠.

다음으로 필요한 것이 업무 매뉴얼입니다. 업무 매뉴얼은 말 그대로 업무 수행을 하기 위해서 알고 있어야 하는 지식들을 모은 것입니다. 여기에는 우리가 업무에 임하는 태도와 자세도 포함됩니다. 물론 실제 업무 방식에 대해서도 자세하게 기록해야겠지요. 마지막으로 직원 교육 매뉴얼입니다. 신입 직원들을 어떻게 교육하고, 기존 직원들은 어떤 교육을 언제 해줄지, 어떤 커리큘럼으로 진행할지를 매뉴얼로 정해놓는 것이죠.

자, 그럼 다음 장부터 어떤 매뉴얼을 어떻게 만들어야 하는지 알아보도록 하겠습니다.

CHAPTER 02

우리 가게만의 매뉴얼북 만들기

앞장에서도 말씀드렸듯 매뉴얼이 없어서 생기는 대표적인 문제들은 다음과 같습니다. 제품과 서비스가 표준화되어 있지 않아 제품과 서비스에 차이가 생기는 경우, 했던 일을 반복하거나 해야 할 일을 누락하는 에너지의 낭비, 직원 교육을 할 때마다 내용이 달라지고 꼭 가르쳐야 할 것을 못 가르치는 경우 등입니다.

물론 매뉴얼을 만든다고 위의 문제들이 한 번에 해결되지는 않습니다. 하지만 매뉴얼 작업을 통해 문서화된 기준이 나오고, 그 기준을 바리스타들이 공유한다면 매뉴얼이 없어서 발생하는 대부분의 문제들을 해결할 수 있을 것입니다. 그렇다면 매뉴얼이 있으면 좋다는 것을 알면서 왜 만들지 못하는 것일까요? 대부분 다음과 같은 이유들 때문에 매뉴얼 작업을 못 하고 있을 것입니다.

| 왜 매뉴얼 작업을 하지 못할까?

> ❶ 너무 바빠서 매뉴얼 작업을 할 시간이 없거나 매뉴얼 만드는 시간이 아깝다.
> ❷ 할 것이 너무 많아 어디서부터 시작해야 할지 감이 서지 않는다.
> ❸ 매뉴얼이라는 것을 본 적도 없고, 만들 생각조차 하지 않았다.

그럼 이 이유들에 대해서 다시 한 번 생각해봅시다.

너무 바빠서 매뉴얼 작업을 할 시간이 없거나
매뉴얼 만드는 시간이 아깝다

이 경우 꼭 한 번 물어봐야 할 질문은 '왜 바쁘다고 느껴질까?'입니다. 대부분 업무 분담이 되어 있지 않거나, 업무 정리가 되어 있지 않기 때문입니다.

즉, 선택과 집중이라는 측면에서 비효율적이거나 낮은 성과가 나는 일을 오너 혼자서 많이 하기 때문이죠. 바쁘다는 것은 대부분 느낌이지 사실이 아니라는 점도 생각해야 합니다. "나는 혼자 일하기 때문에 그런 것을 만들 짬이 나지 않는다"라고 할 수 있지만, 이 경우에도 한 시간 단위로 자신이 카페에서 어떤 일을 하고 있는지 종이에 적어야 합니다. 체계적으로 일을 하면 훨씬 일을 빨리 처리할 수 있기 때문이죠. 예를 들어, 물품 발주 매뉴얼을 만들고 거기에 사이트 링크 하나만 걸어두어도 발주 시간이 획기적으로 줄어듭니다.

할 것이 너무 많아 어디서부터 시작해야 할지 감이 서지 않는다

이는 처음부터 너무 완벽하게 만들려고 하기 때문입니다. 완벽한 목차도 만들어야 하고, 메뉴도 다 찍어야 하고, 이것도 해야 하고, 저것도 해야 하고…….

처음부터 욕심을 부리면 시작조차 하지 못합니다. 처음에는 욕심을 버리고 내 머리에 있는 지식이 다른 사람에게 공유될 수 있는 형태로 만드는 것이 중요합니다. 한 번에 완벽히 끝내는 것이 아니라 최소 다섯 번 이상 그리고 매년 수정하고 보완한다는 생각으로 접근하는 것이 좋습니다.

매뉴얼이라는 것을 본 적도 없고, 만들 생각조차 하지 않았다

이 문제는 걱정할 필요가 없습니다. 지금부터 차근차근 따라 하면 되니까요. 그리고 어차피 정답이라는 것은 없습니다. 매뉴얼은 우리의 일을 조금 더 쉽게 만들어주는 도구에 불과합니다. 매뉴얼 작업을 할 때 참고할 만한 책 다섯 권을 소개해드리겠습니다.

| 매뉴얼 작업을 위한 특급 참고서

첫 번째, 《성과를 지배하는 바인더의 힘》(강규형, 스타리치북스, 2013) 입니다. 지식경영과 철저한 매뉴얼 작업으로 유명한 이랜드에 입사, 푸마 본부장을 역임하고 현재는 3P자기경영연구소 대표인 강규형 소장이 쓴 책입니다. 내가 알고 있는 지식들을 체계적으로 분류하고 모으는 방법부터 여러 매뉴얼을 만드는 방법까지 상세하게 나옵니다.

두 번째, 《TOYOTA 무한성장의 비밀》(히노 사토시, 동양문고, 2003) 입니다. 도요타의 매뉴얼 종류와 탄생 배경 그리고 매뉴얼이 어떻게 쓰이는지에 대해서 전문적으로 나오는 책입니다. 처음 읽기에는 조금 어렵다는 생각이 들 수도 있는 책이지만 참고로 보시기에는 좋을 것입니다. 어떤 매뉴얼을 만들어야 하는지 틀을 잡을 수 있는 책입니다.

세 번째, 《카페 실무 매뉴얼》(신기욱, 클, 2021)입니다. 사실 별도의 매뉴얼 작업을 하지 않더라도 신기욱 대표가 쓴 이 책 한 권으로 카페 업무의 80% 정도는 대처할 수 있습니다. 저희도 처음에는 매장

내 모든 행동 원칙들을 만들려고 했다가 이 책을 발견하고 이 책이 다루지 않은 부분만 만들기로 했습니다. 업무의 기본은 이 책을 따라가고 나머지는 따로 매뉴얼 작업을 하는 것이죠.

네 번째, 《커피 마스터클래스》(신기욱, 클, 2015)입니다. 이 책은 저희 카페에서 바리스타 교육 이론서로 사용하고 있습니다. 커피의 역사부터 시작해서 대부분의 실제적 지식들이 잘 정리되어 있는 책입니다.

다섯 번째, 《나는 스타벅스보다 작은 카페가 좋다》입니다. 이 책은 제가 처음으로 쓴 책입니다. 저희 가게에서는 신입 바리스타가 들어오면 이 책을 먼저 처음부터 끝까지 읽게 합니다. 컨설팅을 가더라도 기본 교재로 추천합니다. 제가 추천드리는 이 다섯 권의 책을 구입하신 후 옆에 놓으시고 꼭 한번 읽어보시기를 권합니다.

| 작은 가게에게 꼭 필요한 5가지 매뉴얼

자, 그럼 어떤 매뉴얼을 어떻게 만들어야 할까요?

우리가 함께 작업할 매뉴얼은 다음 페이지에 나와 있는 5가지 영역입니다.

❶ **레시피 매뉴얼**: 커피와 음료를 만드는 방법부터 브랜드와 구입처까지 정리한 매뉴얼
❷ **업무 매뉴얼**: 중요 문서 정리와 거래처, 업무 순서 등을 적은 매뉴얼
❸ **스피릿&스토리 매뉴얼**: 카페의 사명과 역할 그리고 매장의 스토리를 정리해둔 매뉴얼
❹ **접객 및 서비스 매뉴얼**: 인사와 서빙부터 바리스타들이 일에 임하는 자세와 태도 등 접객에 대한 행동수칙이 담긴 매뉴얼
❺ **신입 바리스타 교육 매뉴얼**: 위의 매뉴얼을 가지고 바리스타를 어떻게 교육할 것인지에 대한 교육 매뉴얼

이 5가지 틀을 가지고 매뉴얼을 쉽게 만드는 방법은 바로 '버전 0.1'로 시작하는 것입니다. '버전 0.1'이 무엇이냐고요? 어떤 제품을 출시할 때 테스트용으로 만들어보는 것을 말합니다. 예를 들어 선풍기를 만든다면 커버나 디자인 같은 것은 추후 생각하여 제작하기로 하고, 우선 모터에 날개를 붙여 돌아가는지 먼저 확인해보는 것입니다.

매뉴얼도 처음에는 자리에 앉아서 생각나는 대로 적습니다. 적다가 더 이상 생각이 나지 않으면 다음으로 넘어가는 것이죠. 그렇게 총 5가지 영역을 모두 적고 나온 결과물을 '매뉴얼 버전 0.1'이라고 부릅니다. 그리고 이 버전 0.1은 꼭 출력해서 제본을 해야 합니다. 제본 결과물을 보면서 누락된 부분이나 더 설명이 필요한 부분을 보완해갑니다.

그렇게 다듬은 상태를 '버전 1.0'이라고 합니다. 버전은 총 5.0까지 있으며, 1.0은 기본인 상태, 5.0은 세계적 수준을 뜻합니다. 이 버전업 개념은 모든 분야에 적용이 가능합니다. 예를 들어, 우리 카페의 서비스를 업그레이드하고 싶다면 현재 서비스를 '서비스 1.0'으로 두는 것이죠. 그리고 2.0이 되기 위해서 우리가 해야 할 것은 무엇인지 찾아보는 것입니다.

매뉴얼 작업에서 가장 중요한 것은 매뉴얼을 만들 '시간'을 확보하는 것입니다. 저는 이번 2016년 7월부터 3개월간 '동방사회복지회'에서 운영하는 '카페이스턴' 세 개 지점을 컨설팅하였습니다. 이 컨설팅에서 중점을 둔 것이 바로 매뉴얼 작업이었습니다. 문제 해결을 위해 사전 인터뷰를 한 후 각 담당 관리자와 매니저를 모아두고 매뉴얼을 만드는 시간을 확보했습니다. 매뉴얼의 최종 목표는 후임자가 왔을 때 매뉴얼만 읽고도 업무의 80%을 이상 이해할 수 있도록 하는 것입니다. 물론 '버전 1.0'부터 목표를 이루기는 힘들지만 말이죠.

자, 우선 최종 목표는 잠시 제쳐두고 매뉴얼을 만들 시간을 확보해봅시다. 제 경험상 저 5가지 매뉴얼을 처음부터 만들려면 각 최소 8시간 이상이 필요합니다. 이 8시간은 4시간씩 두 타임으로 끊어서 하루에 몰아 작업하는 것이 수월합니다. 가게가 쉬는 날이 있다면 하루를 잡아서 오직 매뉴얼에만 집중해서 만드시길 권합니다.

그럼 다음 장부터는 매뉴얼을 어떻게 만들 것인지에 대해 알아보도록 하겠습니다.

CHAPTER 02

작은 가게 경영 매뉴얼 Step 1
: 레시피

제가 처음 커피를 배운 것은 한 프랜차이즈 카페였습니다. 오픈 조 파트타임 아르바이트로 시작했죠. 그때 받았던 매뉴얼에서 아쉬웠던 점은 제가 일하는 카페의 스토리나 바리스타의 자세와 같은 내용이 없었다는 것이었습니다. 매장에 있는 레시피 매뉴얼은 고작 종이 두 장이었습니다. 그마저도 머신 아래 숨기고 보면서 외워야 했기 때문에 종이는 이미 너덜너덜한 상태였죠. 이는 레시피가 외부로 유출되는 것을 막기 위해서라는 이유 때문이었습니다. 하지만 얼음의 개수나 만드는 순서가 유출이 된들 어떤 의미가 있을까 하는 생각이 들었습니다. 레시피에서 제일 중요한 것은 만드는 순서보다 사용되는 재료의 브랜드 정보이기 때문입니다.

그 카페는 빵을 직접 오븐에 굽고 샌드위치도 직접 만드는 곳이었는데, 샌드위치 종류가 워낙 많았기 때문에 사진으로 정리된 레시피가 있으면 좋겠다고 생각했습니다. 하지만 사진으로 된 매뉴얼이 없어 삼색 볼펜으로 재료를 어떻게 넣고 장식하는지 하나하나 그려서 외운 기억이 있습니다.

그나마 문서화된 레시피라도 있으면 다행입니다. 어떤 매장은 레시피 자체가 없고, 오직 말과 행동으로 교육했으니까요. 생각해보면 카페가 아닌 식당도 대부분 레시피 매뉴얼이 없기는 마찬가지일 것입니다. 레시피 매뉴얼만 만들어도 가게의 품질, 즉 맛이 어느 정도는 일정해집니다. 사실 우리 가게만의 레시피 매뉴얼은 선택이 아니라 필수인 것이죠.

| 카페허밍의 레시피들

다음은 저희 매장에서 쓰고 있는 레시피의 일부입니다.

 카라멜 마끼야또: 카라멜소스 1.5P+설탕시럽 1.5P+2샷+스팀우유+거품+카라멜드리즐
기라델리 카라멜소스는 가격은 비싸지만 맛은 보증되는 브랜드. 카라멜 마끼야또를 더 달게 원하는 고객에게는 소스를 더 주는 것이 아니라 설탕시럽을 추가해줘야 함. 당도는 설탕으로 결정됨.

가장 간단한 레시피에는 우선 메뉴 이름이 들어가야 하고, 만드는 순서대로 나열하는 것이 좋습니다. 그리고 어떤 브랜드를 쓰고 있는지 거기에 어떤 특성이 있는지 써주면 좋습니다. 또한 고객들이 먹는 방법을 궁금해하는 메뉴는 먹는 방법까지 레시피에 써주면 더욱 좋지요.

다음으로 스무디나 프라페처럼 블렌더를 사용하는 메뉴 레시피를 소개해드리겠습니다. 우선 블렌더를 사용하는 방법은 여러 가지입니다. 첫 번째, 얼음의 개수를 레시피에 표기하는 방법입니다. 하지만 이 방법은 비효율적입니다. 얼음은 제빙기마다 크기와 강도가 다르기 때문입니다. 또한 음료 주문이 한꺼번에 들어올 경우 얼음 숫자를 일일이 세어 넣기도 불가능합니다.

두 번째는 저울을 이용해서 각 소스 및 재료와 얼음의 무게를 재는 방법이 있습니다. 이는 장점과 단점이 있는데 장점은 가장 정확하게 그 음료의 맛을 구현할 수 있다는 점입니다. 단점은 외우기가 너무 어렵다는 점입니다. 또한 잘 숙지하지 못하거나 무게를 착각하고 만들 경우 맛의 차이가 너무 심합니다.

그래서 저희는 개량을 하는 레시피가 아닌 직관적 레시피를 사용하고 있습니다. 직관적 레시피란, 예를 들면 스무디나 프라페를 만들 때 따로 계량컵을 쓰지 않고 음료가 나갈 컵에 직접 얼음을 가득 채웁니다. 그 상태에서 우유를 80% 따릅니다. 그다음 그 안에 든 내용물을 블렌더에 넣고, 관련 소스나 파우더를 넣고 갈아버리는 것이죠. 이렇게 하면 블렌더 통 안에 남는 내용물 없이 딱 떨어지게 음료가 만들어집니다. 대부분 음료가 너무 달거나 싱거운 경우는 우유를 그 양에 비해 너무 많이 넣거나 조금 넣을 경우 생기는 것이죠. 블렌더에 표시를 해서 음료를 만들기도 하지만, 양의 편차가 생기는 경우가 많습니다. 그렇다면 실제 레시피는 어떻게 표기될까요?

🫘 **파우더를 이용한 프라페**
공통 준비: 컵에 얼음 가득 넣은 뒤 우유 80% 따르기
쿠앤크프라페: 쿠앤크파우더 2스쿱+(얼음+우유 1컵)+쿠키 2개+휘핑(선택)+카라멜드리즐
- 빅트레인 쿠앤크 파우더를 사용.

🫘 **아이스크림을 이용한 프라페**
공통 준비: 컵에 얼음 가득 넣은 뒤 우유 60% 따르기
녹차프라페: 바닐라시럽 1P+설탕시럽 3P+아이스크림 1스쿱+녹차 1스쿱+(얼음+우유 1컵)+휘핑(선택)+녹차파우더 툭툭+카라멜드리즐
- 녹차는 타코 녹차 파우더를 사용.

같은 프라페라고 하더라도 만드는 방법이 다를 수 있습니다. 이 경우 각 종류별로 공통 분류를 표시해두고 그 후 세부 내용을 적어

주면 좋습니다. 우선 음료 레시피를 만들 때는 메뉴판을 옆에 두고 하나씩 생각나는 대로 적으면 됩니다. 따뜻하게 만드는 방법과 차갑게 만드는 방법들을 나누어 적어야겠죠. 음료 레시피 작업이 끝나면 다음부터는 재료 준비 레시피를 생각나는 대로 적으시면 됩니다. 예를 들면 시럽 만드는 방법은 다음과 같이 적습니다.

> **시럽 만드는 방법**
> ❶ 블렌더 통을 깨끗이 세척을 한 뒤에 저울에 올려놓는다.
> ❷ 블렌더 통에 설탕 1,200g 뜨거운 물 1,000g 부은 뒤 큰 바스푼으로 저어준다.
> ❸ 블렌딩을 해준다.
> ❹ 설탕시럽 병에 깔때기를 이용해서 담아준다.
> ❺ 보관은 쇼케이스. 1일 이상 숙성 후 만든 순서대로 사용한다.

마지막으로 청포도 얼음빙수의 레시피를 소개합니다. 원가 계산, 메뉴 만드는 과정, 필요하다면 완성된 모양을 사진으로도 첨부하면 됩니다. 메뉴 원가를 계산할 때는 들어가는 재료를 모두 적고, 들어가는 양을 총량에서 나누기를 하여 몇 번 사용할 수 있는지 따지는 것이 좋습니다. 또한 각 재료들의 주문하는 방법과 사이트 링크까지 곁들이면 더욱 좋겠지요.

자, 그럼 각자 자신만의 매장의 음료 레시피를 만들어보시기 바랍니다.

청포도 얼음빙수

출시일: 2016. 8. 19. / 개발자: 조성민 / 가격: 4,500원
여름 상품으로 1인 빙수를 찾는 분들을 위해 기획한 상품입니다.

원가계산표

- 컵+컵뚜껑+홀더+스푼 (=250원)
- 연유 30g (=240원)
- 청포도 원액 80g (=1,625원)
- 원가: 2,115원
- 마진: 2,385원 (=마진률: 53%)

- 연유 20개 76,000원(서울우유에서 납품)
  → 연유 1개 500g 3,800원(열여섯 번 사용 가능)
- 청포도 1kg 2개 39,000원(인터넷 주문)
  → 청포도 1통 1kg 19,500원(열두 번 사용 가능)

레시피

메뉴 설명

- 청포도 얼음빙수는 컵빙수임.
- 처음 주문하시는 분들에게는 컵빙수라고 말씀드려야 함.
- 이 빙수는 무조건 테이크아웃 컵에 나감.

만드는 방법

1. 빙삭기에 얼음 2스쿱을 넣는다.
2. 아이스 컵에 간얼음을 가득 담는다.
3. 아이스 컵을 툭툭 치면 얼음이 조금 가라앉는다.
4. 그 위에 연유(30g)를 한바퀴 올린다.
5. 청포도 원액(80g)을 가득 올린다.
6. 뚜껑을 닫고, 홀더 옆에 스푼 한 개를 끼워서 나간다.

메뉴 나갈 때

- 스푼으로 잘 섞어가면서 드시면 된다고 설명해주면 됨.

특이사항

- 연유는 서울우유에 주문해서 받으면 됨.
- 세미 후루티 리얼 청포도 에이드는 인터넷에서만 주문할 수 있음(납품업체 두 곳 모두 취급을 안 함).
- 재고가 떨어지지 않도록 각별히 유의할 것.

[세미 후루티 리얼 청포도 에이드] 1kg 2개 세트 39,000원
(구매사이트: http://www.XXXXXX.com/)

CHAPTER 02

작은 가게 경영 매뉴얼 Step 2
: 업무

업무 매뉴얼은 조금 더 편하게 여러 가지 업무를 할 수 있도록, 갑자기 어떤 문제가 생겼을 때 어디에 연락해야 하는지, 거래처 위치는 어디며 어떤 물품을 거래하고 있는지, 또 어떤 업무 순서를 거쳐야 하는지 등을 정리하면 됩니다. 순서대로 정리하면 다음과 같습니다.

보통의 매장들은 레시피 매뉴얼은 있지만 업무 매뉴얼이 없는 경우가 많습니다. 대부분 오너가 혼자서 일을 처리하고 있기 때문에 딱히 필요성을 느끼지 못하는 것이죠. 하지만 매장을 확장하거나 점장을 고용할 경우를 대비해서 업무 매뉴얼은 꼭 만들어 둘 필요가 있습니다.

업무 매뉴얼 작업 순서

❶ 중요 서류 스캔 후 파일에 첨부
❷ 각종 계좌번호 및 연락처, 출금사항과 특이사항
❸ 시간별 근무자 체크리스트와 역할
❹ 각 물품 발주하는 방법과 업무 순서
❺ 추가 설명이 필요한 매장별 기물 사용법과 특이사항

중요 서류 스캔 후 파일에 첨부

사업자등록증, 영업신고증, 메인통장사본, 부동산임대차계약서, 화재보험청약서 등 중요하다고 생각하고 자주 쓰는 서류는 스캔해서 파일로 저장해야 합니다. 스캔한 서류는 업무 매뉴얼 파일에 첨부해두면 편리합니다. 저는 대부분의 작업을 한컴오피스로 하기 때문에 엑셀 등 실제 파일이 아닌 이미지로 첨부해서 보관하고 있습니다.

각종 계좌번호 및 연락처, 출금사항과 특이사항

계좌번호는 우리 카페에서 사용하는 모든 계좌의 번호와 관련 정보를 함께 정리합니다. 비밀번호는 유출될 수 있으니 힌트로 저장하면 됩니다. 예를 들어, '1234'가 비밀번호라면 '1***'라고 표시해둡니다. 힌트를 표시하는 이유는 다른 직원이 일을 처리해야 할 때, 늘 쓰던 비밀번호가 아니므로 잘 기억나지 않기 때문입니다. 다른 업체 사이트도 마찬가지입니다. 여기도 비밀번호를 하나 정해두고 사용하면서 업무 매뉴얼에는 힌트와 * 표시로 적습니다.

연락처에는 우선 현재 근무 중인 바리스타의 핸드폰 번호를 모두 적습니다. 근무자 앞에는 어느 타임에 근무하는지도 적어두면 도움이 됩니다. 예를 들어, '주중 오픈 홍길동: 010-1234-5678'로 적는 것이죠. 그리고 건물에 이상이 생겼을 경우 바로 연락할 수 있도록 건물주나 건물관리인의 번호를 적습니다. 또한 우리에게 납품을 하고 있는 거래처 번호 정리입니다. 거래처 번호와 함께 담당자 직통 번호도 같이 있으면 좋겠죠.

전기, 수도, 인터넷, 포스기 등에 문제가 생겼을 때 해결할 수 있도록 공사를 담당한 업체와 사장님의 연락처도 중요합니다. 직원이 근무 중에 갑자기 전기가 나가거나 수도에 문제가 생겼지만 사장과 연락이 되지 않을 때, 문제를 방치하는 것이 아니라 해결을 위해 매뉴얼에 적힌 업체에 연락해 해결할 수 있도록 공유하는 것이죠. 특히 전기나 수도에 문제가 생기면 업무 자체가 불가능하므로 어디로 연락을 해야 할지 알아야 빨리 조치를 취할 수 있습니다.

마지막으로 출금사항을 정리해둡니다. 먼저 카페를 운영하면서 고정적으로 나가는 금액을 정리합니다. 예를 들면 직원들의 급여나 관리비 같은 것이죠. 출금사항에는 특이사항도 꼭 적어야 합니다. 저희 카페는 옆 매장과 같이 수도세를 내기 때문에 수도세가 나오면 우선 우리 매장에서 다 내고, 6월과 12월에 절반을 청구해 받는 형식으로 되어 있습니다. 이런 특이사항은 꼭 기록해두어야 합니다. 또한, 우리가 거래하고 있는 거래처 계좌번호와 언제 결제해야 하는지를 적습니다. 그리고 대략적으로 한 달에 결제되는 금액이 어느 정도인지 옆에 적으면 한눈에 볼 수 있어서 편합니다.

시간별 근무자 체크리스트와 역할

대부분 카페들은 시간마다 주어진 업무가 비슷합니다. 저희 카페는 하루를 3개의 파트로 나눠서 할 일을 정리했습니다. 8시 30분부터 14시까지가 오픈 근무자, 12시부터 18시까지가 미들 근무자, 18시부터 23시까지가 마감 근무자로 정해두고 각각 업무별 포인트를 정한 것이죠.

- **오픈 근무자 (08:30-14:00)**

오픈 근무자는 카페 문을 열고, 장사를 시작하기 전에 청소를 하여 깨끗하고 청결한 카페를 만들고, 모두 준비사항을 체크하여 필요한 물품을 준비하고 주문하는 것이 가장 중요한 업무 포인트입니다.

오픈 근무자 주요 핵심업무 포인트
① 매장청소 → 청소 매뉴얼 참고
② 물품 체크 및 보고 혹은 주문 → 물품 체크리스트 참고
③ 점심 장사 준비

❹ 매뉴얼 작업 및 개발
❺ 퇴근하기 전 중간시재 점검

- 미들 근무자 (12:00-18:00)

미들 근무자는 점심 장사에 주력하며, 비교적 한가한 시간인 오후 3시 이후부터는 시간이 오래 걸리는 식자재를 준비하고, 오픈 청소 때는 힘든 곳들을 청소해주는 것이 가장 중요한 업무 포인트입니다.

미들 근무자 주요 핵심업무 포인트
❶ 점심 장사 준비 전 파우더, 시럽 채우기
❷ 은행에 전날 현금 입금 및 잔돈 교환
❸ 설탕시럽, 생크림, 빙수떡 등 식자재 준비 및 다듬기
❹ 더치커피 내리기
❺ 매장 청소 40분(책장, 에어컨, 전등)
❻ BAR 안쪽 정리 정돈
❼ 냉장, 냉동고 얼음 제거 등
❽ 근무 교체 시 중간시재 점검

- 마감 근무자 (18:00-23:00)

마감 근무자는 저녁 장사에 주력하며, 장사가 끝난 뒤 청결하게 매장을 정리, 마감하며, 정산업무 및 업무보고를 하는 것이 가장 중요한 업무 포인트입니다.

마감 근무자 주요 핵심업무 포인트
❶ 저녁 장사 주력
❷ 커피머신 청소 및 마감
❸ 퇴근 1시간 전 떨어진 물품들 채우기
❹ 포스 정산 후 입금금액 정리

❺ 총 매출액과 특이사항 단체톡에 보고
❻ 간판, 에어컨, 출입문 확인 후 퇴근

이와 더불어 업무 체크리스트와 발주 체크리스트를 만들면 도움이 됩니다.

각 물품 발주하는 방법과 업무 순서

요즘에는 대부분 카카오톡을 이용해서 물품 발주를 합니다. 하지만 아직도 어떤 물품은 인터넷에서 구매해야 할 때가 많습니다. 대표적인 물품으로 홀더, 티슈, 보틀이 있습니다. 특히 소량 주문제작을 할 경우 우리 가게만의 특이사항이 반영되어야 하기 때문에, 한 번 거래한 곳에서 별다른 문제가 생기기 전까지는 계속 거래를 합니다.

매뉴얼에는 업체명과 거래 시작일자 그리고 관련 상품 이미지와 정보를 적습니다. 관련 상품 이미지는 윈도우 기본 기능인 캡처 도구를 사용하면 편리합니다. 그리고 발주 최소 수량 혹은 기본 수량과 가격을 적습니다. 원가도 같이 적어두면 좋겠죠. 그다음에는 작업방법을 단계별로 정리합니다. 마지막으로 사이트 링크를 걸어두면 한글 파일에서는 하이퍼링크로 활성화되므로 물품을 바로 주문할 수 있습니다. 물론 인터넷 즐겨찾기에 사이트를 넣어도 되지만

물품 발주하는 방법과 업무 순서(냅킨 주문제작 매뉴얼)

굿타임(인터넷)
거래시작일 : 2013.11.15. 금

칵테일 냅킨(기본수량 30,000장. 정량판매)
상품코드 : G_20130718156817
상품규격 : 115*115mm
재질 : 최고급원단
색상 : 백색
메모 : 1개 주문이 30,000장입니다.
인쇄 : 2도 인쇄 무료
수량별 단가 : VAT 별도
사이트주소 : http://xxxxx.com/xxxx

참고사항
- 기본 1박스 3만 장
- 117,700원(배송비 포함, 부가세 포함)
- 4장씩 드림(4장에 16원, 1장당 4원)
- 좋은 글귀를 캘리로 써서 나가거나, 바리스타들의 캐릭터를 시즌별로 그려서 나간다.

작업방법
❶ 좋은 글을 캘리로 쓰거나 캐릭터를 그려서 스캔한다.(2도 인쇄까지 가능)
❷ 스캔파일을 이메일로 발송 후 담당자와 통화하면 된다.
　　○○○○@never.com, 010-1234-5678
❸ jpg 파일도 일러스트 파일로 전환해서 보내준다.(서비스 차원)
❹ 주문하면 대략 14일 정도 소요됨

매뉴얼에 작업을 하는 것이 더 효율적입니다. 나중에는 업체가 너무 많아져서 즐겨찾기에서도 찾기 힘들어지니까요. 이 작업은 물품이 늘어날 때마다 그때그때 작업하는 것이 가장 효율적입니다.

추가 설명이 필요한 매장별 기물 사용방법과 특이사항

마지막으로 기계가 새로 들어오거나 특별한 상황이 발생해 앞장에서 소개해드린 '업무 매뉴얼'에 없는 설명이 추가로 필요할 때 작성하면 됩니다. 저희 같은 경우 이번 해에 눈꽃 빙수 기계가 새롭게 들어오면서 매뉴얼 작업도 추가로 했습니다. 기계 특성과 사용방법 그리고 세척 및 관리방법들을 써서 근무자들을 교육하면 되는 것이죠.

CHAPTER 02

작은 가게 경영 매뉴얼 Step 3
: 스피릿&스토리

　스피릿 매뉴얼은 우리 가게만의 고유한 사명과 역할 그리고 바리스타들이 일에 임하는 자세와 태도를 정리해둔 매뉴얼입니다. 작은 가게인데도 이러한 스피릿과 스토리 매뉴얼이 꼭 필요할까요?

| 디즈니랜드가 말하는 스피릿의 중요성

　도쿄 디즈니랜드 이야기를 먼저 해드리겠습니다. 도쿄 디즈니랜드에는 여러 지하도가 만들어져 있습니다. 이 지하도는 디즈니랜드에 흩어져 있는 상점과 레스토랑에 상품과 식재료 등을 반출입할 때와 직원들이 출퇴근할 때 이용하는 통로라고 합니다. 그렇다면 디즈니랜드는 왜 많은 돈을 들여가며 이런 통로를 만들었을까요?

월드 디즈니는 로스앤젤레스 애너하임에 디즈니랜드를 구상할 때부터 강한 신념과 열망을 가지고 있었다고 합니다. 바로, "손님들이 디즈니랜드에 있는 동안 그들이 전혀 다른 세계에 있는 것처럼 느끼게 하고 싶다. 그러기 위해서는 그들이 이 파크에 있는 동안 일상과 마주쳐서는 안 된다"라는 철칙이었죠.

즉, 고객들이 디즈니랜드에서 식재료 박스를 보거나 근무 교대하는 직원들을 보는 순간 환상의 세계에서 일상세계로 돌아가기 때문에, 이를 방지하기 위해 지하에 통로를 만든 것입니다. 어찌 보면 비정상적이자 비효율적입니다. 하지만 상식을 뛰어넘는 신념과 열망을 결국 실현시켰기 때문에 디즈니랜드는 세계 최고의 테마파크가 될 수 있었습니다.

이 밖에도 많은 기업이 그들만의 정신 혹은 철학을 한 문장으로 정리해 사람들에게 전하고 있습니다. 코카콜라의 경영 이념은 "사업을 통해 모든 이에게 이로움과 상쾌함을 제공하기 위해 존재한다"입니다. 그들은 달짝지근한 검정색 탄산수가 아니라 상쾌함을 만든다는 것이죠.

그리고 로모카메라라는 독특한 색감과 흐릿한 초점으로 세계적으로 마니아층을 확보하고 있는 카메라 기업입니다. 이 기업의 철학은 "생각하지 말고, 그냥 찍어라."입니다. 힘을 빼고 인생을 즐기면서 그 순간을 자유롭게 찍는 카메라라는 것이죠. 다른 전문 카메라에 비해 기술은 부족할지 몰라도, 기업만의 철학 덕분에 세계적인 인기를 끌고 있습니다.

맥도널드의 창시자 레이 크룩은 각 매장에 방문할 때마다 이런 말을 했다고 합니다. "언제나 잊지 마세요. 우리는 햄버거 비즈니스를 하는 것이 아닙니다. 우리는 쇼 비즈니스를 하는 것입니다."

실제로 맥도널드에는 쇼 비즈니스를 위한 'QSC&V'라는 4가지 목표가 있다고 합니다. 'QSC&V'란 Q는 신속함(Quick)과 품질(Quality), S는 서비스(Service), C는 청결(Clean), V는 가치(Value)를 의미한다고 합니다.

이번에는 2평짜리 보세옷가게로 출발하여 매출 10조 원의 대기업이 된 이랜드를 살펴봅시다. 소위 '이랜드 스피릿'이라고 불리는 이 매뉴얼은 이랜드 회사의 전 직원이 고작 13명이었던 1982년 어느 날 워크숍 자리에서 만들어졌다고 합니다. 이 18개의 이랜드 스피릿은 독특한 기업문화를 만들어냈고, 평범하고 작은 옷가게를 대기업으로 만든 동력이 되었다고 해도 과언이 아니라고 합니다. 이랜드의 18가지 스피릿은 다음 페이지에 나와 있는 표와 같습니다.

① 하나님 중심/믿음 중심/말씀 중심
② 캔 두 스피릿
③ 월드 비전
④ 돈보다 일 중심

⑤ 일보다 사람 중심
⑥ 미래지향적 사고
⑦ 절약정신
⑧ 상인정신

⑨ 재능보다 성실
⑩ 배우려는 자세
⑪ 정돈, 청결, 위생
⑫ 감사정신
⑬ 팀워크

⑭ 내실
⑮ 최고정신
⑯ 남 중심적 사고
⑰ 프로정신
⑱ 다르게 생각하기

작은 가게, 작은 회사가 세계적인 기업이 되기 위해선 처음부터 목표한 바가 명확하고, 강한 이념과 철학이 있어야 합니다. 한때 한국에서 큰 인기를 끌었던 인도 영화 〈세 얼간이〉에서 주인공 란초는 이런 말을 합니다.

"성공을 따라가는 것이 아니야. 좋은 공학자가 되면 성공이 널 따라가는 거지." 행동은 정신에서 비롯된다고 합니다. 따라서 오너가 먼저 우리 가게만의 스피릿과 철학을 정하고 동료들에게 알려야 합니다.

우리 가게만의 스피릿 매뉴얼 만들기

자, 이제 스피릿 매뉴얼의 중요성을 알았으니 우리 가게만의 스피릿 매뉴얼을 만들어봅시다.

첫 작업은 '자기규정'입니다. 개인이 운영하는 작은 가게는 오너가 곧 가게고, 가게가 곧 오너입니다. 그러므로 가게의 사명과 역할을 정의하기에 앞서 먼저 자신의 사명과 역할을 정의내려야 합니다. 다음은 제가 내린 자기규정과 역할입니다.

- **카페허밍에서 오너바리스타 조성민의 자기규정**
  오너바리스타 조성민은 카페허밍이라는 브랜드를 관리, 운영하며 카페허밍의 바리스타들의 성장과 성공을 돕는 사람(존재)이다.

- **카페허밍에서 오너바리스타 조성민의 사명**
  오너바리스타 조성민의 사명은 카페허밍이라는 브랜드로 수익을 창출하여 기업의 생존과 성장을 책임지며 함께하는 바리스타들의 필요를 채우고, 지역 사회에 선한 영향력을 전하는 것이다.

- **카페허밍에서 오너바리스타 조성민은 위의 사명을 달성하기 위해 다음과 같은 역할을 수행한다.**
  ❶ 카페허밍의 브랜드 관리를 위해 매일 마케팅과 운영 등을 공부하고, 업무에 적용시키며 결과를 바리스타들에게 공유한다.
  ❷ 카페허밍 바리스타들을 잘 교육시키고, 그들이 나중에 사업 혹은 직장 생활을 할 때 이 경험들이 도움이 되도록 이끈다.
  ❸ 나 자신의 계발은 물론 다른 이들의 계발을 돕는다. 돕는 방법으로는 롤 모델, 책 추천, 지식 전달 등이 있다.
  ❹ 바리스타들의 이야기를 잘 경청하며, 그들이 성장할 수 있는 기회(강의, 만남 등)가 생기면 적극 지원해준다.
  ❺ 지역에 선한 영향력을 줄 수 있는 모임들을 만들어 운영한다.

우선 나는 가게에서 어떤 일을 하는 존재인지 정의 내립니다. 물론 정답은 없습니다. 그다음 나는 다른 이에게 어떤 공헌을 할 것인가를 생각해 사명을 적습니다. 마지막으로 사명을 수행하기 위해 해야 할 역할을 적습니다. 자기 사명과 역할만 적어도 전혀 다른 각도로 일을 바라볼 수 있습니다. 그다음 오너가 원하는 가게의 방향을 적으면 됩니다.

- 오너바리스타 조성민이 생각하는 카페허밍
  ❶ 오너바리스타 조성민이 생각하는 카페허밍은 위로를 전달하는 곳이다.
  ❷ 카페허밍의 사명은 방문하는 모든 이에게 위로를 전달하는 곳이다.

- 우리는 사람들에게 위로를 총 3가지 형태로 전달할 수 있다.
  ❶ 맛있는 커피 제공
  ❷ 마음에 와닿는 책 제공
  ❸ 사람과 사람 사이의 관계를 만드는 모임과 공간 제공

- 위의 사명을 달성하기 위해 카페허밍은 다음과 같은 역할을 수행한다.
  ❶ 방문자에게 감동하는 맛과 서비스를 전한다. 이를 위해 바리스타는 자기 발전에 힘쓴다.
  ❷ 카페허밍은 독서 모임을 매주 운영하여 사람들의 만남과 지식을 공유하는 공동체를 만들어 위로를 전한다. 이를 위해 허밍은 공간을 대여하고, 상생하는 방법을 찾는다.
  ❸ 카페허밍의 바리스타와 조직원이 먼저 롤모델이 되어 다른 이에게 도전 의식을 준다. 이를 위해 주기적인 교육을 진행하여 자신만의 사명과 비전을 찾고, 직장에서 인생을 배우는 기회를 제공한다.

그다음 포지션별 혹은 직급별 해야 할 일들과 역할을 씁니다. 예를 들어, '오너가 생각할 때 점장은 이런 사명에 이런 역할을 수행해야 한다. 매니저는 이런 사명에 이런 역할을 수행해야 한다.' 등 가이드를 적습니다.

그리고 브랜드 스토리를 작성합니다. 왜 이 자리에서 가게를 열게 되었는지, 오픈할 때는 어떤 일이 있었는지, 각 연도마다 어떤 일들이 있었는지부터 로고는 왜 이런 모양이며, 우리 가게는 왜 이런 컬러인지까지 매장에 대한 모든 것을 다 적으면 됩니다. 브랜드 스토리 이후에는 근무자의 스토리까지 적으면 좋습니다. 나중에 새로운 직원이 왔을 때, 우리 가게가 지향하는 길을 알려줄 것입니다.

여기까지 완성하면 우리 가게가 어디로 가야 할지 방향이 잡힙니다. 어떤 일을 하든 내가 하는 일의 목표를 '세계 최고'로 세우라고 합니다. 최고가 되기 위해 최선을 다해야 합니다. 오너는 '최선을 다해'라는 말에 담긴 이념과 방향을 명쾌하게 글로 정리해 구성원에게 알려야 합니다.

자, 이제 매뉴얼 작업도 막바지입니다. 다음 장에서는 서비스 매뉴얼에 대해서 알아봅시다.

CHAPTER 02

작은 가게 경영 매뉴얼 Step 4
: 접객 및 서비스

추천사. 안효주 차장(신라호텔 일식당 주방장)

일식당을 담당하고 있는 제가 《미스터 초밥왕》을 접하고서 느낀 점은 어느 분야나 깊이 파고들면 한길로 통한다는 것입니다. 《미스터 초밥왕》은 한마디로 작가가 초밥 요리에 대해 체계적으로 공부하고 이해한 후 자기 것으로 소화해 만든 작품입니다. 작품 속에는 요리 지식 및 조리과학이 자연스럽게 녹아 있으며 초밥뿐만 아니라 전반적인 조리원리에 관해서도 많은 도움이 되는, 교과서적인 내용을 많이 담고 있는 책입니다. (중략) 좀 더 심도 있는 요리를 개발하고 면학 분위기를 조성하며 각자 맡은 분야에서 최고가 되기 위해 지루하지 않고 자연스럽게 공부할 수 있는 책이라고 생각되어 조리사 전원에게 《미스터 초밥왕》을 읽게 했습니다.

– 《미스터 초밥왕》 애장판 첫 페이지에서 발췌

《미스터 초밥왕》이라는 만화책 첫 페이지에는 독특하게 신라호텔 일식 주방장의 추천사가 담겨 있습니다. 실제로 이 만화는 안효주 대표님(현재 '스시효'의 대표)이 신라 호텔 일식 주방장으로 있을 때 조리사 전원에게 읽으라고 권한 필독서이기도 합니다.

작은 가게의 가장 큰 약점은 바로 서비스 교육을 받을 기회가 없다는 점입니다. 교육 시스템이 잘되어 있는 대기업 기반의 프랜차이즈는 신입 직원 교육부터 업무 향상 교육까지 주기적으로 하고 있습니다. 하지만 꼭 전문 교육을 받지 않아도, 독학할 수 있는 방법이 있습니다. 저는 접객과 서비스를 가장 쉽고 가장 빠르게 이해하면서 배울 수 있는 도구로 만화책을 추천합니다.

저는 외식업에 일하는 친구들에게 추천하는 만화 두 가지가 있습니다. 하나는 앞에 말씀드린 테라사와 다이스케의 《미스터 초밥왕》이고, 다른 한 권은 아라키 조가 쓰고, 나가토모 겐지가 그린 만화 《바텐더》입니다. 특히 만화 《바텐더》는 음료를 다루는 기본 지식과 바에서 접객하는 방법이 상세하게 나옵니다. 만화다 보니 상황도 함께 제시되므로 매우 유익한 교재입니다. 《바텐더》에는 신입 바텐더를 어떻게 교육시켜야 하는지부터 홀수 서비스와 짝수 서비스 그리고 청소방법과 손님의 클레임 해결방법까지 나와 있습니다.

무엇보다 중요한 것은 '프로다운 자세란 무엇인가?'라는 질문에 대한 해답을 얻을 수 있다는 점입니다. 상황별로 주인공 사사쿠라

류가 어떻게 손님을 대하고, 어떤 자세로 일을 하는지를 배울 수 있습니다. 그 어떤 책과 교재보다 효과적으로 말이죠.

| 우리 가게만의 접객 및 서비스 매뉴얼 만들기

자, 그럼 우리 가게만의 접객 및 서비스 매뉴얼을 만들어봅시다. 접객 및 서비스 매뉴얼은 다음과 같은 순서로 제작하면 좋습니다. 예로, '바리스타'의 접객 및 서비스 매뉴얼 만드는 법을 알려드리겠습니다.

❶ 바리스타 업무 자세와 태도
❷ 바리스타 서비스 마인드와 행동원칙
❸ 음료 만드는 순서와 서비스 센스
❹ 인사 및 주문 받기와 접객

바리스타 업무 자세와 태도

우리 가게에서 일하는 바리스타들의 이상적인 업무 자세와 태도에 대해 생각나는 대로 쭉 적으면 됩니다. 이것을 적어두는 이유는 오너가 생각하는 업무 자세와 태도를 직원들과 공유하기 위함입니다. 예를 들면 다음과 같이 적을 수 있습니다.

- 수동적이 아닌 능동적으로 일할 것. 누군가 시켜서 하는 일은 재미도 없고, 능률도 안 오른다.
- 어차피 해야 할 일이라면 먼저 하기. 시키는 것만 하면 평생 아마추어다. 일을 찾아서 하는 것이 프로다.
- 비록 파트타임이지만 그 시간을 책임지는 바리스타라는 것을 늘 기억할 것. 카페허밍의 얼굴이 바로 나의 얼굴이다.
- 내가 할 수 있는 최대의 친절로 고객 응대할 것. 고객을 위해 서비스한 것에 대해서 누구도 뭐라 하지 않는다.
- 고객에게 무엇을 드릴지 늘 생각한다.
  → 우리가 드릴 수 있는 것은 '친절', '서비스' 그리고 스티밍하고 남은 우유를 귀여운 에스프레소 잔에 드리거나, 프라페를 만들 때 조금 더 만들어서 서비스하는 것, 에이드가 들어와서 탄산수를 만들고 나서 다른 고객에게 탄산수를 서비스로 제공하는 등.
- 음료는 작은 잔에 만들 때 남은 것을 담아 서비스하는 센스를 발휘한다.
- 아이들에겐 '요구르트' 혹은 아이스크림 조금 등을 바리스타 재량껏 제공한다.
- 바리스타 재량으로 '리필'은 서비스할 수 있다. 마음에 드는 고객님께 서비스한다.
  → 서비스할 때 꼭 원래 리필 1,000원이라고 말씀드린다.
- 고객님께서 무리한 부탁을 하더라도 웃음을 잃지 말고 응대한다.
  → 거절 멘트: 고객님, 제가 해드리고 싶은데 저희 카페의 룰 때문에 조금 힘들 것 같습니다. 죄송합니다.
- 재량껏 해결할 수 있는 문제라면 재량껏 해결하고 업무 톡방에 보고한다.
- 고객님들을 친한 친구라고 생각하고 접객을 한다.
- 접객의 포인트는 '재방문'이다.
- 서비스 초콜릿은 아이들이 왔을 때 하나씩 선물로 준다.

- → 너무 어린 아이 같은 경우 꼭 엄마에게 초콜릿을 줘도 되는지 먼저 물어본다.
- 다른 바리스타의 험담을 하지 않는다. 잘못한 것은 개인적으로, 칭찬은 공개적으로 한다.
- 상하관계가 아닌 협력관계이다.
- 가게 역시 직장이므로 할 일 먼저 한다.
- 남는 시간이 있다면 책 보면서 자기 계발에 힘쓸 것! 우선 커피에 대한 책부터!
- 고객을 즐겁게 해드리기 위해서는 바리스타들이 먼저 즐거워야 한다.
- 처음 출근하면 커피 맛부터 체크한다.
- 하루에 한 가지 일은 집중해서 하나씩 처리한다.
- 유리창 외벽 닦기, 에어컨 청소, 서랍 정리를 한다.
- 돈도 중요하지만 관계도 중요하다.
- 바리스타들끼리의 관계가 우선, 그다음이 고객과의 관계다.
- 장사를 배울 것. 궁금한 것이 있으면 물어보는 자세를 길러야 한다.
- 모르고 안 하는 것도 나쁘지만 알면서 안 하는 것은 더 나쁘다.
- 일 자체에서 기쁨을 찾는다.
- 어떻게 하면 메뉴 퀄리티를 올릴 수 있을까? 어떻게 하면 매출을 올릴 수 있을까? 늘 고민한다.
- 나중에 자기 자신에게 피가 되고 살이 될 것이다.
- 사장의 관점으로 일 전체를 보아라.
- 자신만의 접객법 개발해야 한다.
- 조성민식 접객법
  ❶ 일주일에 책 한 권 읽는 방법 소개해주기
  ❷ 본깨적 노트법 소개하기
  ❸ 명언 캘리로 써드리기

❹ 개인 컨설팅

❺ 사진 같이 찍기

- 손님과 어떻게 인연이 될지 모르니 지금 자리에서 최선을 다한다.
- 힘들거나 어려울 때는 속마음 털어놓는다.
- 지식은 곧 힘이 되고, 돈이 된다.
- 쓸데없는 일은 없으니 늘 배우는 자세로 임한다.
- 서로 도와주고 끌어준다.

바리스타 서비스 마인드와 행동원칙

여기에는 우리 가게만의 서비스 원칙과 기준을 적습니다. 즉, 직원들이 서비스할 때 어디에 초점을 두고 행동해야 하는지 가이드를 줍니다. 예를 들면 다음과 같이 쓸 수 있습니다.

- **우리의 목표**

바리스타는 커피와 음료만을 파는 것만이 아닙니다. 우리가 진짜 판매하는 것은 기분 좋은 서비스와 행복한 공간 그리고 낭만적인 시간들입니다. 저문을 열고 들어오시는 분들께 그날 하루를 조금 더 행복하게 만들어드리는 것이 우리 목표입니다.

- **서비스의 기준과 행동원칙**

모든 행동과 서비스의 원칙은 재방문에 있습니다. 돌발상황이나 어떤 상황이 발생했을 경우 무조건 '재방문'에 초점을 맞추고 행동하면 됩니다. 가장 높은 서비스는 자신의 기량을 높이는 것입니다. 여기서 기량이란 음료의 퀄리티와 만드는 속도도 포함되지만 그보다 서비스 마인드와 고객과 친구가 되는 능력이 더 우선됩니다. 라떼 아트를 예쁘게 하고, 더 빠르게 음료를 만드는 것은 '기본'일 뿐입니다.

미국의 백만장자를 대상으로 자신이 백만장자가 될 수 있었던 가장 중요한 이유를 조사한 결과, 1위로 뽑힌 것이 "모든 사람에게 정직하다"였습니다. 나머지 이유로는 "자기관리가 철저하다", "다른 사람과 잘 어울린다", "다른 사람보다 더 열심히 일한다" 등이 있었습니다. 저는 카페허밍이 단순히 일만 하는 곳이 아니라 자기 자신을 더 발전시키고 꿈의 발판이 되는 곳이 되기를 원합니다. 카페허밍을 백만장자가 되는 법을 연습할 수 있는 배움터로 만들어, 우리 직원들이 백만장자의 조건을 갖춘 바리스타가 되기를 진심으로 응원합니다.

관계우선의 법칙이라는 것이 있습니다. 제품을 우선으로 하는 기업은 언젠가 무너지게 되어 있습니다. 제품보다는 고객과의 관계가 먼저입니다. 그러니 커피를 팔기보다는 자기 자신을 브랜드화해서 고객에게 제공하세요.

• 우리가 생각하는 최고의 성과

평생 고객을 만드는 것이 카페허밍의 최고의 '성과'입니다.
지금 이 순간 최선을 다하지 못하면 다음 그 순간에도 최선을 다할 수 없습니다.

음료 만드는 순서와 서비스 센스

여기에는 바에서 음료를 만드는 기본적인 순서와 서비스 센스를 적으면 됩니다. 오너만 알고 있는 작은 팁들을 포함해 상황에 따라 고객에게 어떤 멘트를 할지도 적어두면 좋습니다.

바리스타들이 접객을 제대로 못하는 것은 접객하는 방법에 대해 배우지 못했기 때문입니다. 오너의 행동과 멘트에 대해 글로 적어놓고 직접 보여주면서 반복적으로 교육하는 것이 좋습니다.

- 음료를 만들 때에는 순서가 중요함. 아이스와 핫이 들어왔다면 아이스를 먼저 만들고, 핫을 나중에 만든다.
  - → 아이스는 먼저 만들어야 더 차갑고, 핫은 나중에 만들어야 덜 식는다.
- 모든 메뉴들 중에서 가장 나중에 만들어야 하는 것은 바로 아메리카노임.
  - → 크레마는 휘발성이 강해서 금방 날아간다.
- 에스프레소는 뽑자마자 잔에 조심스레 담아줘야 한다.
  - → 크레마가 날아간 다음에 잔에 담으면 쓴맛이 매우 강하게 난다.
- 휘핑도 가장 마지막에 올려야 모양이 유지가 된다.
- 휘핑을 많이 달라고 할 때, 과할 정도로 많이 올려주는 서비스를 해주면 좋아한다.
- 더운 날에는 고객님이 말하기 전에 얼음물을 주는 센스!
- 약봉지가 보이면 종이컵에 물을 가져다주는 센스!
- 2명이 와서 1잔을 시키면 음료와 빈 잔을 하나 더 드리는 센스!
  - → 이럴 경우 고객님 자리에 가서 음료를 나눠드리면 효과는 더욱 커진다.
- 2명이시 1잔을 시킨 경우에는 테이크아웃 컵으로 나가는 것이 좋다.
  - → 나눌 때 편하다. 도자기 잔은 질질 흐른다.
- 테이크아웃 컵과 도자기 컵은 고객 취향에 맞춰서 준비하지만 기본은 잔에 나가야 한다.
  - → 간혹 설거지하는 것이 귀찮아서 테이크아웃 컵에 나가는 경우가 있는데, 이 경우에는 바리스타로서는 실이다!
  - → 고객님이 편한 대로 달라고 할 경우에도 잔으로 나가는 것이 예의다.
  - → 멘트

    바리스타: 고객님. 잔이 더 맛있고, 많이 들어가니까 잔으로 해드릴게요.

    고객: 설거지거리 많이 늘어나잖아요.

    바리스타: 괜찮습니다. 설거지가 귀찮으면 일 그만해야죠.
- 단체와 개인이 같이 들어와서 주문했다면 개인이 주문한 음료 먼저 만들

어서 주기.
→ 단체는 서로 이야기를 하느라 시간에 대한 감각이 무뎌지지만 개인은 그렇지 않다.
→ 하지만 음료는 주문한 순서대로 만드는 것이 원칙이다.
- 음료가 많이 밀려있을 경우에는 고객님에게 미리 말씀드리고 양해를 구하기
  → 멘트: 고객님, 지금 앞에 주문하신 분들이 OO명 계셔서 음료를 만드는데 시간이 4분 정도 걸릴 것 같은데, 괜찮을까요? 잠시 앉으셔서 책보고 계시면 최대한 빨리 해드리겠습니다.
- 카페모카 아이스, 핫 아메리카노, 딸기스무디, 자몽에이드가 주문이 들어왔을 경우 음료를 만드는 순서
  ❶ 아이스 컵 3개, 핫 컵 1개를 세팅
  ❷ 탄산수 제작
  ❸ 아이스 컵에 초코파우더 1스쿱 세팅, 아이스 컵에 얼음 우유, 자몽에이드 세팅
  ❹ 에스프레소 도징 2샷은 추출, 1샷은 대기
  ❺ 딸기스무디 제작
  ❻ 카페모카 제작
  ❼ 자몽에이드 제작
  ❽ 에스프레소 추출, 아메리카노 제작
  → 아이스 아메리카노, 아이스 카페라떼, 아이스 카푸치노에 시럽을 넣는 경우에는 시럽을 먼저 넣고, 물 혹은 우유를 조금 넣고 저은 뒤 얼음을 넣고, 다시 물 혹은 우유를 붓고, 거기에 에스프레소를 넣는다. (아이스를 먼저 만들고, 나중에 시럽을 넣으면 시럽이 얼어버려서 잘 안 섞임.)
- 커피의 개인 취향을 바리스타가 물어보는 것만으로도 접객의 차별화가 생김.
  → 특히 따뜻한 아메리카노 같은 경우 진하기를 꼭 물어봐야 한다.
  → 멘트: 고객님, 따뜻한 아메리카노 진하게 드릴까요? 보통으로 드릴까요?
  → 그 외 커피 메뉴는 어차피 2샷으로 진하게 나간다.

- 음료를 만들 때는 바 왼쪽이 시럽을 안 넣은 음료, 오른쪽이 넣은 음료, 오른쪽으로 갈수록 비싸지는 메뉴로 구성한다.
  → 예를 들어, 아메리카노, 시럽 넣은 아메리카노, 카페라떼, 카페모카 순으로 배치한다.
- 레시피는 항상 숙지한다.
- 자신이 만든 음료가 자신이 없으면 꼭 시식 스푼으로 시식해본다.
- 자신이 먹는 음료가 아닌 다른 음료도 의무적으로 먹어본다.
- 음료를 만들다 조금 더 편하고 빠르거나 위생적인 방법이 있다면 단체톡방에 의견을 올린다.

인사 및 주문받기와 손님 접객

이곳에는 인사부터 시작해 호칭 및 주문받는 것까지 적으면 됩니다.

- 인사는 모든 서비스의 기본이다.
  → 영혼 없는 인사는 안 하느니만 못하다.
- 항상 고객보다 먼저 인사하기
  → 눈을 맞춘 후 반갑게 인사하기
  → 멘트: 어서 오세요. / 안녕하세요. / 오랜만입니다.
- 호칭은 남자는 무조건 '사장님' (나이와 상관없음) 여자는 '고객님'
  → 관계가 친밀해지면 남자는 'ㅇㅇㅇ사장님' 혹은 정확한 직책, 여자는 '누나', '언니', '누님' 등등
- 가장 좋은 것은 이름과 그 고객님의 취향을 외우는 것이다.
- 단체가 들어올 경우 1명씩 눈을 맞추면서 친근하게 인사한다.
- "식사하셨어요?"는 대화를 이끌어갈 수 있는 키워드다.

- 15분 대화를 하면 아는 사이가 되고, 재방문률이 매우 높아진다.
- 바리스타들은 각자 자신만의 단골을 만들자! (최소 100명)
- 처음 방문한 고객님들에게는 쿠폰북을 소개해주고, 명예의 전당과 로열 패밀리에 대해서 살짝 알려드린다.
  → 멘트: 고객님, 저희 쿠폰북 하나 만들어드릴까요? 여기에 적고 싶으신 만큼만 적으시면 됩니다. 다음에 오시면 어디어디에 있을 거예요. 찾으셔서 펼쳐주시면 저희가 도장을 찍어드려요. 저희 카페에서 가장 많이 드신 분은 1,300잔 정도 드셨어요.
- 고객님께서 음료를 정하지 못하고 머뭇거릴 때 바리스타는 추천을 해드려야 한다.
  → 추천을 능숙하게 하는 것만으로도 프로 바리스타이다.
  → 멘트: 고객님, 커피를 찾으세요? 커피 아닌 것을 찾으세요?
  커피: 저희 1883 바닐라라떼가 맛있습니다. 120년 된 회사에서 만든 시럽이 들어가는 메뉴예요.
  커피 아닌 것: 저희 아이스유자가 맛있습니다. 따뜻한 것 원하시면 유자키위 한 번 드셔보세요.
  → 추천한 것을 드렸는데 마음에 안 들어하시면 바로 다른 메뉴로 바꿔드린다. 이 경우 기존 음료는 회수 후 싱크대에 버린다.
- 메뉴 주문을 다 받았으면, 꼭 다시 한 번 하나씩 불러가면서 고객님께 확인을 받아야 한다.
  → 특히 아이스와 핫, 시럽 유무, 테이크아웃과 인, 휘핑크림 등을 잘 물어봐야 한다.
  → 외우기가 힘들면 메모해서 체크한다.
- 카드나 돈을 고객님께서 주실 때, 두 손으로 공손히 받고 "감사합니다"라고 말하면서 고개를 30도 이상 숙인다.
  → 잔돈을 드릴 때도 마찬가지로 두 손으로 드리고 잔돈이 얼마인지 꼭 알려드린다.
  → 멘트: 고객님, 여기 5,700원 드리겠습니다.

- 주문이 끝났는데도 고객님이 서 계시면 자리로 안내해드리고 독서를 권한다.
  - → 멘트: 고객님, 잠시 앉아서 책 보고 계시면 바로 만들어드리겠습니다. 여기 저희 사장님께서 쓰신 책인데 잠시 보고 계셔요. (책 홍보 및 카페 홍보할 것)
- 현금영수증 신청 시 무조건 해드려야 한다.
  - → 현금 계산 후 나중에 말씀하시는 분들이 있는데, 그럴 경우 반품하고, 다시 진행하면 된다.
- 자리 안내할 때는 "고객님, 편하신 곳에 앉으시면 됩니다. 음료는 제가 가져다드릴게요"라고 말하면 된다.
- 고객님 자리에서 고객님께 말씀을 드릴 때는 테이블 밑으로 앉아서 눈높이를 낮게 한 후 이야기해야 한다.
- 음료가 나갈 때는 "실례합니다"라고 말한 후 고객님들이 음료가 나온 것을 인지한 후 쟁반 째 테이블에 놔드리면 된다.
  - → 음료를 놓고 나서 음료의 이름과 아이스와 핫 등을 확인시켜드린다.
  - → 멘트: 아이스 아메리카노, 따뜻한 라떼, 자몽에이드입니다.
  - → 컵을 한 손으로 공손히 가리키며 알려드린다.
- 먹는 방법이 필요한 음료는 설명을 꼭 드린다.
  ❶ 라떼는 젓지 않고 드시는 것이 맛있습니다.
  ❷ 카라멜 마끼야또는 스푼으로 거품을 먼저 떠서 드신 후 드시는 것이 더 맛있습니다.
  ❸ 아포가토는 쿠키를 아이스크림에 찍어서 드시고, 아이스크림을 조금 드신 후에 부어서 드시면 됩니다.
  ❹ 허브차는 3분짜리 모래시계가 다 떨어지면 작은 잔으로 필터를 옮기시고 드시면 됩니다.
  ❺ 유자키위차의 유자는 이 스푼으로 떠서 드시면 됩니다.
  ❻ 뜨거우니까 조심히 드세요.
  ❼ 여기 설탕하고 시럽이 있습니다. 드셔보시고 필요하시면 조금씩 넣어

서 드세요.
- 고객님이 두 모금 정도 음료를 마시고 난 후 꼭 한 번씩 맛을 체크한다.
  → 멘트: 고객님, 어떻게 입맛에 맞으세요?
  → 맛있다고 하면 웃으면서 "감사합니다"라고 말한다.
- 고객님이 일어나서 잔을 정리하려고 하면 "제가 하겠습니다. 그냥 놓고 가세요"라고 말하고 배웅해드린다.
  → "안녕히 가세요." 혹은 "살펴가세요"라고 인사한다.
  → 인사할 때는 꼭 고객님을 보고 인사한다.
  → 문을 나갈 때 다시 한 번 인사를 한다.
- 테이블을 치울 때는 행주를 들고 가서 부스러기도 치운다.
- 의자를 정리하고 바닥도 체크한다.

조금 더 체계적으로 교육하기 위해서는 사례 중심으로 정리한 후 교육을 하시면 됩니다. 저는 주로 파워포인트로 만들어 교육하는 편입니다. 다음과 같이 사례를 정리하면 됩니다. '우유시트' 서비스 사례에 대해 소개드리도록 하겠습니다.

카페허밍 서비스 사례 〈우유시트 사례〉
2016년 9월 20일 화요일

상황	– 허밍의 여성 고객에게 전화가 옴. 저번 주 일요일 오후 카페 알바생의 잘못으로 캐리어에 담아 놓은 라떼 두 잔을 차 시트에 흘렸으니 시트 세탁비를 카페에서 보상해달라고 요청함. – 쿠폰북을 보니 많이는 아니지만 카페 오픈 당시부터 오시던 고객님이었음.
조치	❶ 우선 해당 근무시간에 일을 했던 바리스타에게 이야기를 들어봄. ❷ 이야기를 들어보니 우리 측 잘못이 아니라는 점을 알게 됨. 고객님이 라떼 두 잔을 시켰는데 시럽을 넣어 달라고 해서 넣어주었더니 너무 달다고 다시 만들어 달라고 함. 그래서 다시 만들어주고 시럽을 따로 드림. 아마 시럽을 자신이 넣는 과정에서 컵을 놓쳐서 시트에 쏟은 것으로 예상됨. ❸ 다시 고객님에게 전화를 걸어서 우선 유감을 표명함. ❹ 유감 표현 후 다시 한 번 정확하게 사건에 대해 물어봄. ❺ 해당 바리스타에게는 우리 측 잘못이 아니라고 설명해줌.
고객 클레임 해결 5단계	❶ 공감과 유감 표현 ❷ 경청 ❸ 분세 확인 ❹ 고객이 원하는 것을 물어봄 ❺ 해결
문제 해결 선택지	❶ 우리 측 실수가 아니기 때문에 우리가 보상해주기 힘들다고 말한다. ❷ 우리 측에서 시트 세탁 비용을 다 보상해주겠다고 말한다. ❸ 고객님이 원하는 대로 해결해준다.
서비스 기대 효과	이 고객님이 앞으로 10번 이상만 더 오면 서비스 성공이라고 판단.
서비스 결과	2016년 10월 3일 라떼 두 잔 사 감. 라떼 두 잔과 시럽을 따로 드리면서 시럽 따르는 방법에 대해 교육해드림.

CHAPTER 02

작은 가게 경영 매뉴얼 Step 5
: 신입 직원 교육

"충성스러운 직원들 없이 충성스러운 고객을 얻는 것은 불가능하다."

프레더릭 F. 라이히헬드의 저서 《로열티 경영》(세종서적, 2002)에 나오는 말입니다. 직원들은 가게의 얼굴이자 목소리입니다. 현장에 있는 직원이 어떤 서비스를 제공하느냐에 따라 가게 전체가 평가받을 수 있습니다. 그러므로 매우 중요한 존재이죠. 제임스 헤스켓의 《서비스 수익 모델》(삼성경제연구소, 2000)에서는 직원 만족과 고객 만족이 연결되어 있다고 합니다. 따라서 기업은 고객보다 오히려 직원에게 더 깊고 다양한 차원의 가치를 제공해야 합니다.

1명의 직원이 가게에 오래 일하는 것이 가게와 고객에게 이득이 되는 경우가 많습니다. 자꾸 직원이 바뀌면 그만큼 서비스의 질이 떨어짐은 물론이고, 고객과의 관계도 약해집니다. 갤럽 조사에 의하면 직원의 근속 기간과 업무 생산성은 관리인과 어떤 관계를 맺느냐에 따라 달라진다고 합니다. 즉, 직원은 자신을 한 사람으로서 배려해주는 기업에 더 오래 머물며, 그런 기업일수록 직원의 생산성도 높다는 것이죠.

| 직원들의 마음을 움직이는 최고의 동기부여 기법

직원에게 중요한 것은 무엇일까요? 보통 높은 급여와 직업의 안정 그리고 승진을 생각할 것입니다. 하지만 직원들이 가장 원하는 것에 대해 조사한 결과 ① 수행한 업무에 대한 충분한 인정, ② 무언가에 소속되었다는 느낌, ③ 개인적 문제에 대한 진지한 관심과 태도라고 합니다. 직원들이 가장 원할 것이라 생각했던 높은 급여 그리고 직업의 안정성은 내면 욕구에 이어 4위와 5위를 차지했습니다.

그렇다면 직원들은 언제 동기부여가 될까요?

> 1위 개인적인 감사 표현
> 2위 서면 감사
> 3위 업무 성과에 따른 승진
> 4위 공식적인 칭찬
> 5위 사기를 높여주는 모임

연구결과를 보고, 저는 주기적으로 직원들에게 책을 선물하여 감사 표현을 했습니다. 책은 직원마다 관심 있는 분야나 도움이 될 만한 책들로 골랐습니다. 그리고 책 속지 첫 장에 개인적인 감사 내용이 담긴 편지를 썼습니다. 그리고 직원들이 가진 불만을 잘 듣기 시작했습니다. 불만 중 대부분은 잘 듣기만 해도 해결되는 경우가 많았습니다. 작은 오해와 불만들이 쌓이고 쌓여 문제가 되는 것이기 때문에, 그때그때 직원들의 이야기를 듣고 푸는 것이 좋습니다.

직원 교육은 끊임없이 해야 합니다. 교육 중에서도 신입 바리스타 교육은 매우 중요합니다. 처음 가게를 오픈하고 직원을 고용하거나, 아니면 막내에서 벗어나 누군가를 가르치게 되는 자리에 서게 되면 흔히 범하는 결정적 실수가 있습니다. 바로 신뢰를 얻기 전에 무엇인가를 시키려고 하는 것입니다. 그것도 매우 열심히 말이죠.

많은 대기업이 신입사원 연수를 열어 업무와 상관없어 보이는 조별 미션을 줍니다. 이유가 뭘까요? 누구든 새로운 곳에 가면 얼어버리기 마련입니다. 남자분들이라면 처음 군대에서 자대 배치를 받았을 때를 생각해보면 됩니다. 모든 것이 낯설고, 모든 것이 두렵죠. 이런 상태에선 지식을 집어넣어도 소용이 없습니다. 오히려 가르치는 쪽이나 배우는 쪽 모두 지치기 마련이죠. 그리고 막상 해보면 별것 아닌 일이 신입에게는 너무 많아 보이기도 합니다. 그래서 처음부터 신입을 너무 열심히 가르치면, 빠르면 다음 날, 늦으면 3일 정도 뒤에 "개인적인 일이 생겨서 더 이상 못 나오겠습니다"라는 통보를 받게 됩니다.

만약 처음 고용한 바리스타들이 단기간에 그만둔다면 우선 업무 시스템보다 교육 시스템을 바꿔야 합니다. 교육을 하기 전에 우선 관계 형성을 하고, 그다음 충분한 신뢰를 쌓고 교육에 들어가는 것이죠.

저희 가게 역시 여러 시행착오를 거쳐, 신입 바리스타 기본 교육 매뉴얼을 만들게 되었습니다. 교육 시간은 4시간씩 5일 총 20시간입니다. 참고로, 신입 바리스타 교육 시간도 당연히 시급으로 나갑니다.

| 우리 가게만의 신입 바리스타 교육 매뉴얼 만들기

> **1일 차**: 워밍업 본깨적 교육(4시간)
> **2일 차**: 매뉴얼 기본 이론교육(4시간)
> **3일 차**: 접객 및 레시피 실무교육(4시간)
> **4일 차**: 포스교육과 서브 보는 법, 바 관리방법(4시간)
> **5일 차**: 알보시고 교육법(4시간)

1일 차: 워밍업 본깨적 교육(4시간)

1일 차는 관찰의 시간입니다. 신입 바리스타가 가게에 왔을 때는 우선 눈으로 보고 배우게 합니다. 차분히 관찰할 시간을 주는 것이죠. 먼저 관찰하지 않고 바로 바에 들어가 배우게 되면, 나중에 잘 기억나지 않습니다.

1교시(2시간)에는 기본 교재 《나는 스타벅스보다 작은 카페가 좋다》를 읽습니다. 집에 가서 읽어보라고 하면 숙제 같아 부담도 되고, 읽지 않는 경우가 많기 때문에 차라리 가게에 출근시키고 2시간 동안 기본 교재를 보게 합니다. 기본 교재는 다른 책을 정하셔도 됩니다. 지금 우리 가게에 가장 적합한 책을 한 권 정하는 것이죠.

두 시간 동안 책 한 권을 읽으라고 주문한 뒤 다 읽으면 본깨적 노트를 작성하라고 합니다. 여기서 본깨적이란 '본 것, 깨달은 것, 적용할 것'의 줄임말입니다. 형식에 구애받지 않고 부담 없이 쓰라고 하면 됩니다. 본깨적 노트를 다 쓰고 나면 잠시 앉아서 발표를 시켜봅니다.

2교시(2시간)에는 업무 본깨적 관찰 노트를 작성합니다. 바에서 가까운 손님 테이블에 앉혀놓고, 바에서 일하는 것을 잘 관찰하여 노트에 적으라고 합니다. 두 시간 동안 신입 바리스타는 선배들이 어떻게 인사하고, 어떻게 일하는지, 우리 매장에 어떤 손님들이 오는지 알게 됩니다. 1일 차 교육의 목적은 두려움 해소입니다. 사람은 모르는 것에서 두려움을 느낀다고 합니다. 때문에 4시간 동안 최대한 많은 것을 관찰하게 하여 업무 두려움을 감소시키는 것이죠.

2일 차: 매뉴얼 기본 이론교육(4시간)

2일 차는 우리가 만든 업무 매뉴얼을 가지고 교육하는 시간입니다.

3교시(2시간)에는 매뉴얼북을 꼼꼼히 읽은 뒤, 본깨적 노트를 작성합니다. 궁금한 점이 있으면 매뉴얼북에 표시하라고 합니다. 3교시 동안 신입 바리스타들은 가게가 원하는 방향과 조직에 대한 룰을 이해하는 시간을 가지게 됩니다.

4교시(2시간)에는 매뉴얼북을 보고도 이해되지 않는 것을 선배 바리스타로부터 배웁니다. 이 시간에는 신입 바리스타와 교육 담당 바리스타가 함께 매뉴얼북을 보면서 모르는 것을 묻고 차근차근 대답해주는 시간입니다. 특히 궁금한 점이 표시되어 있는 부분은 신경 써서 자세히 설명해주면 됩니다. 4교시를 통해 신입 바리스타는 매뉴얼북을 재독하며 숙지하게 되고, 선배 바리스타와 관계를 맺게 됩니다.

3일 차: 접객 및 레시피 실무교육(4시간)

3일 차부터 신입 바리스타들이 드디어 바에 들어옵니다.

5교시(2시간)에는 인사, 주문 받기, 바 관련 설명, 카페에 대해 배웁니다. 고객님에게 어떻게 인사하고, 어떤 호칭으로 불러야 하며, 어떤 형식으로 포스를 다루어야 하는지 그리고 바에는 무엇이 있고, 화장실은 어디에 있는지, 각종 스위치들은 어디에 있는지 등을 배웁니다.

6교시(2시간)는 레시피 전체를 보여주고 맛보게 합니다. 아메리카노부터 프라페, 빙수까지 모든 메뉴 직접 만들어서 보여주고 맛보게 합니다. 2시간 동안 카페에서 만들 수 있는 메뉴 전체를 먹어보는 축제의 시간이기도 합니다. 6교시가 끝날 때쯤 신입 바리스타에게 간소화 레시피 종이를 줍니다. 매뉴얼북은 가게에 비치해둡니다.

4일 차: 포스교육과 서브 보는 법, 바 관리방법(4시간)

4일차부터는 실전 업무에 투입됩니다. 포스를 보는 방법 그리고 메뉴를 만들 때 서브(보조)와 세팅하는 방법 등을 가르칩니다.

7교시(2시간)에는 포스교육 및 서브와 세팅하는 방법을 배웁니다. 포스교육을 하면서 시재금과 현금영수증 발급방법, 반품 등 여러 가지 포스기 사용법을 배우고, 주문이 들어왔을 때 컵을 세팅하는 법을 알려줍니다.

8교시(2시간)에는 바를 정리하는 시간을 가지게 합니다. 신입 바리스타 교육의 하이라이트이기도 합니다. 바에 있는 모든 재료를 다 뺀 다음, 안을 청소해 다시 넣는 작업을 합니다. 다른 비품이 있는 창고가 있다면 창고까지 정리시키면 됩니다. 교육의 목적은 재료들이 어디에 있는지 눈과 몸으로 익히는 것입니다. 물건의 위치가 익숙하지 않으면 신입 바리스타들은 물건을 찾을 때마다 헤맵니다. 신입 바리스타에게 작업을 시킬 때에는 목적에 대해서 충분히 이야기해야 합니다.

5일 차: 알보시고 교육법(4시간)

5일 차부터는 실전 업무에서 반복을 통해 업무를 습득하게 합니다. 이때에는 '알보시고'라는 방법을 통해 교육시킵니다. '알보시고'란 알려주고, 보여주고, 시켜보고, 고쳐주는 것의 줄임말입니다. 켄 블랜차드의 《칭찬은 고래도 춤추게 한다》(21세기북스, 2003)에서는 돌고래 훈련방법에 대해서 나옵니다. 켄 블랜차드는 돌고래 쇼를 보다가 어떻게 말이 통하지 않는 돌고래들을 훈련시켜서 공중에 점프를 시킬 수 있는지에 대한 궁금증이 생기게 됐습니다. 돌고래가 물 밖으로 점프하는 훈련 과정은 다음과 같다고 합니다.

우선 수영장 바닥 쪽에 막대기를 하나 두고 그 위로 돌고래가 지나가면 먹이를 준다고 합니다. 이 과정을 계속하다보면 돌고래들은 '막대기 위를 지나가면 먹이를 준다'라는 사실을 알게 됩니다. 그러면 막대의 위치를 조금씩 수면에 가깝게 올리고, 어느 순간 수면 밖으로 막대기를 올려놓습니다. 그러면 돌고래는 먹이를 먹기 위해 늘 하던 대로 막대 위를 지나가기 위해 점프를 합니다.

여기서 중요한 것은 '조금씩'이라는 단어와 '반복'이라는 점입니다. 처음부터 무리한 미션을 주는 것이 아니라 아주 쉬운 것부터 차근차근 알려주고, 훈련시키는 것이죠. 바리스타 교육도 이와 마찬가지입니다. 한 번 보여주었다고 다 안다고 생각하고 바로 일을 맡기면 안 된다는 것이죠. 더 최악은 일을 알려주지도 않고, 실수했을 때 다그치고 혼내는 것입니다. 아무리 쉬운 일이라도 처음에는 그 일을 왜 그렇게 해야 되는지 알려주어야 합니다. 그다음에는 직접 보여주는 것이죠.

알려주고 보여준 다음에는 직접 시켜봅니다. 시킨 일을 옆에서 보고 있다가 잘못된 점이 있으면 고쳐주는 것입니다. 고쳐준 다음에는 다시 알려줍니다. 그리고 다시 보여주는 것이죠. 그리고 다시 시켜봅니다. 그런데 또 어떤 곳이 잘못되었으면 다시 고쳐줍니다. 결국 일을 잘할 때까지 알려주고, 보여주고, 시켜보고, 고쳐주기를 반복하는 것입니다. 5일 차 이후부터는 바리스타 개인 역량에 따라 일을 습득하는 시간이 천차만별입니다.

5일 동안 이 방식을 따르면 훨씬 수월하고 체계적으로 교육할 수 있습니다.

이제 우리 가게만의 업무 매뉴얼을 만들어봅시다. 처음에는 아주 작게 시작하시는 것이 중요합니다. 저의 멘토이신 정찬근 강사님은 큰일을 아주 작게 시작하라고 말씀하시곤 합니다. 정찬근 강사님이 만든 '날두노트'라는 것이 있습니다. 날두노트란 날마다 두 줄을 쓰는 노트를 말합니다. 강사님이 이 방법으로 《강사력》(라온북, 2015)이라는 두 번째 책을 쓰시기도 했죠. 엄청 바쁜 스케줄에서도 하루에 두 줄을 쓸 수 있는 시간은 있다는 것이 강사님의 이론입니다. 업무 매뉴얼에도 이 방법을 적용시킬 수 있을 것입니다. 시간이 없다는 핑계는 이제 그만 내려놓고 날마다 두 줄씩이라도 나만의 매뉴얼을 만들어보시길 응원하겠습니다.

Notice. 경쟁력 200% 높이는 작은 가게 경영 매뉴얼

📝 **레시피 매뉴얼: 레시피·재료 브랜드·구입처 정리**
- 공통된 메뉴를 분류한 후, 작업을 하면 메뉴마다 외우지 않아도 되어 좋다.
- 메뉴 레시피 작업이 끝나면 재료 준비 레시피도 함께 작업한다.
- 메뉴 원가를 계산할 땐, 메뉴 하나에 들어가는 양을 제품의 총량에서 나누어 몇 번 사용할 수 있는지 먼저 계산한다. 그리고 그 횟수만큼 제품의 가격에 나누어 계산한 뒤 적는다.
- 먹는 방법을 궁금해하는 메뉴의 경우 방법도 기입한다.

📝 **업무 매뉴얼: 중요 문서·업무 처리 순서 정리**
- 중요 서류 스캔 후 파일에 첨부
- 각종 계좌번호 및 연락처, 출금사항과 특이사항
- 시간별 근무자 체크리스트와 역할
- 각 물품 발주하는 방법과 업무 순서
- 추가 설명이 필요한 매장별 기물 사용법과 특이사항

📝 **스피릿&스토리 매뉴얼: 가게 사명·역할·스토리 정리**
- 자기규정: 나는 이 가게에서 어떤 일을 하는 존재인가, 다른

이에게 어떤 공헌을 할 것인가. 이를 위해 어떤 역할을 할 것인가.

- 직급별 역할 정리: 매니저라면 ~한 역할을 해야 한다.
- 브랜드 스토리 작성: 왜 가게를 열었고, 오픈 때 어떤 사건이 있었는지, 로고는 왜 이런 모양인지, 가게의 지향점.

접객 및 서비스 매뉴얼
- 업무 자세와 태도
- 서비스 마인드와 행동 원칙
- 메뉴 만드는 순서와 서비스 센스
- 인사 및 주문받기와 손님 접객

우리 가게만의 신입 바리스타 교육 매뉴얼
- 1일차: 워밍업 본깨적 교육
- 2일차: 매뉴얼 기본 이론교육
- 3일차: 접객 및 레시피 실무교육
- 4일차: 포스교육과 서브 보는 법, 바 관리 방법
- 5일차: 알보시고 교육법

Chapter 3
우리 가게만의 문화, 모임 매뉴얼

CHAPTER 03

작은 가게의 낭만은
모임에서 시작된다

이번 장에서는 우리만의 고유한 문화를 만드는 방법을 소개하겠습니다. 우선 저희 가게에서 진행하고 있는 '독서 모임' 이야기로 이 장을 시작합니다.

| 우리 가게만의 독서 모임 '허밍웨이'

매주 토요일 아침 7시가 되면 제가 운영하고 있는 작은 카페인 허밍에서 독서 모임이 2시간 동안 진행됩니다. 이 독서 모임의 이름은 '허밍웨이'입니다.

'허밍웨이'는 즐거울 때 나오는 콧노래인 '허밍'과 길이라는 뜻의

'웨이'를 더한 합성어로 콧노래가 나는 즐거운 길이라는 뜻입니다. 또한 미국의 대문호 어니스트 헤밍웨이를 연상되어 외우기 싶도록 지은 이름입니다. 저희 카페 이름이 '카페허밍'이기도 하고요.

허밍웨이 독서 모임은 2013년 11월 9일에 시작하여, 현재까지 꾸준히 진행되어 온 모임입니다. 처음에는 카페에 오시는 삼성동 주민 몇 명과 제가 아는 지인 몇 명이 모인 모임이었는데, 벌써 10년이라는 시간이 흘렀습니다.

10년 동안 독서 모임 멤버들은 일주일에 책 한 권 읽기를 도전했습니다. 처음에는 쉽지 않은 도전이었습니다. 평소에 한 달에 책 한 권도 읽지 않던 분들이 많았으니까요. 하지만 매주 모이고, 같이 도전하다 보니 불가능해 보이던 일주일 책 한 권이라는 목표가 자연스럽게 달성되기 시작했습니다. 열정은 마치 모닥불과 같습니다. 책을 혼자서 열심히 읽겠다고 하면 오래가기 힘듭니다. 하지만 다 같이 모여서 읽고, 배우고 느낀 것을 나누겠다는 자세로 진행하면 지치지 않고 오래갈 수 있습니다.

지금 허밍웨이 독서 모임의 모태는 바로 3P자기경영연구소입니다. 3P자기경영연구소에서 진행된 독서 모임을 처음 본 날을 아마 저는 평생 잊을 수 없을 것입니다. 토요일 새벽 7시에 200명이 모여 책을 읽고, 나누고, 작가를 초청해서 강의를 듣고 있을 줄은 상상도 못 했기 때문이죠. 그전까지 저에게 있어서 토요일 아침 7시는 부족한 잠을 보충하는 시간이자, 죽어 있는 시간이었기 때문이었습니다. 더 놀라운 것은 이 독서 모임이 당시 300회 이상 진행되었다는 것입니다. 한 대학생은 1학년 때부터 이 독서 모임을 시작해서 졸업할 때까지 다녔다고 합니다. 그렇게 되면 일주일에 한 권씩 읽었으니, 최소 200권의 책을 읽고, 깨닫고, 적용한 셈입니다. 그런 청년들이 제가 운영하고 있는 카페 옆에 가게를 세울 수 있다고 생각하니 오싹했습니다.

모임을 보고 온 다음 날 카페 문을 하루 닫았습니다. 그리고 목수 아저씨를 불러서 카페를 북카페로 개조해달라고 했습니다. '이런 좋은 모임이 서울에만 있는 것은 너무 아쉬운 일이다. 대전에도 만들자!'라고 생각한 것이죠. 그렇게 시작한 독서 모임은 적게 모일 때는 8명, 많이 모일 때는 20명까지 모이는 모임이 되었습니다. 더 이상 사람의 숫자가 늘어나지 않는 것은 아마 의자가 부족하기 때문이 아닐까라는 생각을 합니다. 그렇다고 더 큰 다른 공간에서 모여 버리면 허밍이라는 공간적인 상징이 없어지겠죠.

모임을 1년 정도 진행하니 모임에 힘이 생기더군요. 1년이 지난 뒤, 작가님들을 모시기 시작했습니다. 책만 보는 것이 아니라 그 책을 쓴 사람을 보자고 생각했습니다. 그렇게 작가님을 한 달에 한 분씩 모시기 시작했습니다. 《강사력》의 정찬근 작가님을 시작으로, 《나는 1년에 10배 버는 경매를 한다》(라온북, 2015)의 임경민 작가님,

《이젠, 책쓰기다》(라온북, 2011)의 조영석 소장님, 《아내에게 다시 직장이 필요할 때》(라온북, 2015)의 이정미 작가님, 《아이가 답이다》(라온북, 2015)의 김진방 작가님, 《엄마의 돈 공부》(다산3.0, 2016) 이지영 작가님을 모실 수 있었죠. 그리고 100회 기념으로는 나비 독서 모임을 만드신 분이자 3P자기경영연구소의 대표, 《성과를 지배하는 바인더의 힘》의 저자이기도 한 강규형 대표님까지 모실 수 있었습니다.

| 리더를 만드는 독서 모임

저희 독서 모임의 꿈은 멤버 모두가 한 분야의 리더가 되어, 지식을 총망라한 한 권의 책을 쓰는 것입니다. 모임을 시작한 지 얼마 지나지 않았을 때, 이 꿈을 이야기한 적이 있었습니다. 그러자 멤버들이 "우리에게 너무 많은 것을 기대하는 것 아냐?"라고 웃으며 말하더군요. 하지만 그 멤버들이 1년이 지나고, 2년이 되어가자 변화되기 시작했습니다. 책을 통해 생각이 변하니, 행동도 변하고, 행동이 변하니 많은 성과가 나타나기 시작했죠. 현재 독서 모임을 하면서 책을 낸 저자는 4명이나 되었습니다. 그리고 앞으로 더 많은 분들이 자신의 분야에서 행동하는 리더가 될 것이라고 저는 확신합니다.

독서 모임을 하면서 기억에 남는 사례 몇 가지가 있습니다. 허밍웨이 멤버 중 주식 책을 깊게 파고든 허밍의 바리스타이자 지금은 한 가게의 사장이 된 성빈이라는 멤버는 끈질기게 주식 책만 1년 동안 70권 정도 읽으며 공부했습니다. 그리고 2015년 10월 딱 일주일 만에 5천만 원의 수익을 내기도 했습니다. 또한 대학생 현정이라는 멤버는 자신의 꿈인 세계적인 조향사가 되기 위해 책을 읽고자 독서 모임에 나오던 중 프랑스 연수 공모전에 도전해서 프랑스에 다녀오기도 했습니다.

그리고 한 멤버는 그렇게 꿈꾸던 자신만의 로맨스 소설을 쓰게 되었고 신영미디어에서 《러브, 제인》(정인숙, 2016)이라는 작품을 출판하게 되었습니다. 저 또한 독서 모임을 하던 중 저자가 되어 《나는 스타벅스보다 작은 카페가 좋다》를 출판했죠. 그리고 학교 선생님이었던 스른 누나는 《내 아이의 학교생활》(라온북, 2018)이라는 책을, 선교사였던 창준 선배님께서는 《싸우지 않고 이기는 따뜻한 협상》(북스타, 2021)이라는 책을 출간할 수 있었습니다.

영화 〈나니아 연대기〉와 〈반지의 제왕〉은 모두들 보셨을 것입니다. 이 두 영화의 원작이 바로 C.S. 루이스와 J.C.C 돌킨 작가의 소설 작품인데요. 이 둘은 가까운 친구 사이였습니다. 1933년 루이스는 친구들과 함께 '잉클링즈'라는 모임을 만들고 운영하였습니다. 매주 화요일 오전에는 카페에서, 매주 목요일 저녁에는 루이스의 연구실에 모여 각자 집필하고 있는 작품을 낭독하며 비판과 격려를 주고받는 모임이었다고 합니다. 이 모임을 통해 1939년 루이스는《고통의 문제》를, 1954년 돌킨은《반지의 제왕》을 쓰게 됩니다. 이 모임은 루이스가 죽을 때까지 계속되었다고 하네요. 잉클링즈가 없었다면 우리는《나니아 연대기》나《반지의 제왕》을 만나지 못했을지도 모릅니다.

 삼성동 작은 가게를 운영하고, 매주 마을 사람들과 문화공동체를 가꾸어나가며 저도 루이스와 같은 꿈을 꿔봅니다. 물론 한낱 꿈일 수도 있습니다. 하지만 모든 꿈의 시작은 아주 작다는 것을 저는 알고 있습니다. 꿈은 마치 씨앗처럼 작지만 품고 있으면 보이지 않는 곳에서 조금씩 싹을 틔웁니다.

 그럼 다음 장부터는 어떻게 이런 모임을 만들고 지속할 수 있었는지 소개해드리겠습니다.

CHAPTER 03

모임이 만들어지면
단골이 늘어난다

작은 가게는 규모가 큰 가게보다 모임을 만들기에 좋습니다. 작은 만큼 사람들 사이에 거리도 좁고, 서로의 이야기를 공유하기도 쉽죠. 그만큼 공유하는 가치로 모임을 만들기도 쉽구요. 또한, 가게만의 특성을 활용할 수 있는 모임이라면 더 좋겠죠.

제가 저희 가게에서 독서 모임을 추진한 이유 중 하나도 '카페'라는 업종의 특성을 살릴 수 있었기 때문입니다. 카페는 태생부터 문화와 예술의 중심이 되는 공간이었습니다. 유럽의 역사만 봐도 카페에서 많은 사람이 만나고 문화와 예술을 꽃피웠음을 알 수 있습니다.

루소와 벤저민 프랭클린도 카페를 사랑했으며, 20세기를 대표하는 지성인 사르트르와 카뮈가 처음 만난 것도 프랑스의 카페 '드 플

로르'였습니다. 또한 우리가 잘 알고 있는 파블로 피카소와 조르주 브라크도 카페 '되 마고'에서 만나 서로의 지식을 나누다가 큐비즘이라는 미술 장르를 탄생시키기도 했죠. 지금도 문화와 예술에 대한 갈급함은 늘 존재합니다. 저는 카페에서 모임을 만들고 진행하는 것이 카페 고유의 사명이라고 생각합니다.

자, 그럼 어떻게 시작할까요? 사실 시작만 한다면 수많은 시너지가 나는 것이 문화예술모임입니다. 무엇보다 오너의 외로움을 달래주어 큰 힘이 되지요. 처음 장사를 시작하면 낯선 상권, 아직 친해지지 않은 주변 상가 상인들, 마음을 열지 않은 고객들 때문에 지구에서 살다가 갑자기 화성에 떨어진 것 같은 느낌이 들기도 합니다. 이런 고립감은 장사의 재미를 떨어트리는 주범이기도 하죠.

NASA에서 고립 실험을 한 적이 있습니다. 안정적인 화성 탐사를 위해 1년간 화성과 비슷한 환경을 인위적으로 만들어놓고 생활을 한 것입니다. 이런 실험은 예전부터 있었다고 합니다. 인류 최초의 고립 실험은 프랑스 동굴학자인 미셸 시프레가 1962년 7월에 진행한 실험입니다. 이 학자는 처음에는 62일, 그다음에는 205일간 동굴에 들어가 고립된 생활을 했습니다. 이 실험을 통해 그가 알아낸 것은 고립이 길어질수록 우울감이 커진다는 사실이었습니다.

창업자들이 1년 안에 사업을 접는 이유는 재정난도 있겠지만, '고립' 역시 큰 영향을 준다고 생각합니다. 고립된 상태에서 장사를 하는 것만큼 위험한 것도 없습니다. 직원일 때는 실수를 하거나 잘못을 하면 누군가 코칭을 해주지만, 사장이 되면 가르쳐주는 사람이 없기 때문이죠. 그래서 우리는 모임을 만들고 자꾸 남의 말을 들어야 합니다.

| 우리 가게만의 모임 만들기

자, 그럼 어떻게 모임을 시작해야 할지 알아볼까요?

첫 번째, 모임에 대한 설계를 합니다. 이 모임은 어떤 모임이며, 어떤 것을 추구하고, 무슨 활동을 할 것이며, 어디에 모이며, 언제 모인다는 계획이 필요합니다. 아무래도 모임의 주최자가 잘 아는 분야로 모임을 설계해야 합니다. 그래야 신규 회원들에게 나눠줄 정보들이 있으니까요. 저 같은 경우 책과 독서법, 시간 관리에 대한 강의를 듣고 코치 자격까지 획득한 상태에서 독서 모임을 만들었습니다. 독서 모임 초창기 때에는 이 코치 과정에서 배운 것들이 많은 도움이 되었습니다.

두 번째로 팀을 구축해야 합니다. '팀'이라는 개념이 매우 중요합니다. 제 경험상 최소 5명 이상 모였을 때 모임을 시작하는 것이 좋습니다. 그리고 5명에게 현재 우리가 하는 모임은 같이 만들어나가는 것이므로, 우리는 하나의 팀이라고 이야기합니다. 팀 의식이 없는 상태에서 모임을 시작하면 금방 지쳐버립니다. 그러나 개개인이 스스로 모임의 중요한 일원이라는 생각을 하면 쉽게 지치지 않고, 누군가 지치더라도 열정 있는 팀원이 모임을 이끌 수 있습니다.

세 번째는 지속적인 콜링(초대)입니다. 모임의 성격에 따라 다르긴 하지만 어떤 모임이든 신규 회원이 주기적으로 들어와야 활력을 잃어버리지 않습니다. 초대하는 방식에는 관심 있는 사람들에게 직접 권유할 수도 있고, 추천을 받을 수도 있습니다. 시즌별로 신규 회원을 모집하는 모임도 있습니다. 모임의 성격에 따라서 처음에 정하시면 됩니다.

저희 독서 모임은 관심 있는 사람에게 권유하여 들어오게 하는 편입니다. 특별한 자격이나 조건은 없습니다. 물론 권유 말고 블로그나 책을 보고 오시는 분들도 있습니다. 반면 제가 소속되어 있는 DCE연맹이란 또 다른 모임에서는 몇 가지 조건과 함께 추천제로 운영되고 있습니다. DCE연맹 회원 가입 조건은 다음과 같습니다.

❶ 대전에서 자기 카페를 운영하는 오너
❷ 커피를 스스로 만들고 커피에 대한 열정이 있는 오너
  (알바만 돌리거나 커피 자체에 열정이 없으면 안 됨)
❸ 초록우산에 매달 기증하는 것에 동의하는 오너

대전 카페오너들이 모인 DCE연맹은 2014년 처음으로 시작했습니다. 초기 멤버는 커피 강사이자 '커피앤티페어'에서 로스팅 심사위원으로 활동하는 '커피 동행'의 홍홍식 대표와 큐그레이더 부부가 운영하는 '더 크레마'의 이천섭·임해경 대표, 대전에서 브런치 카페와 샌드위치 도시락으로 유명한 '푸드박스'의 임우순 대표, 15년 전 커피 자판기 사업을 시작으로 현재 '카페 콩알'을 운영하는 정은숙 대표입니다. 모임을 주최한 홍 대표는 커피 강의, 엔지니어링, 큐그레이더, 사이드메뉴, 사업 경력을 고려해서 멤버를 모았다고 합니다. 그리고 저는 2015년 10월부터 가입을 해서 활동 중입니다.

2016년 9월 1일부터 DCE연맹 10개 지점에서 'DCE 대전 카페 스템프 투어북'을 만들어서 함께 성장하고 성공하자는 취지의 공생 마케팅을 시작하기도 했습니다. 그 이야기는 뒤쪽에서 다시 한 번 자세히 다루도록 하겠습니다.

이렇게 시작한 모임이 계속 되려면 3가지가 필요합니다. 시·공·사 즉 정해진 시간, 정해진 공간, 정해진 사람입니다. 우리의 장점은 장소를 이미 확보한 상태에서 모임을 연다는 것입니다. 많은 모임이 생겼다가 오래 유지하지 못하는 이유는 공간에 영향을 많이 받습니다. 그렇다면 공간을 제외한 시간과 멤버는 어떻게 정할 수 있을까요?

장사를 하는 분들이라면 장사와 시간이 겹치지 않는 시간대에 모임을 열기를 권합니다. 저희는 그래서 토요일은 아침 7시, 일요일은 아침 8시에 모임을 합니다. 토요일 카페 오픈 시간은 아침 9시이고, 일요일은 10시이기 때문이죠. 그리고 모임을 시작했다면 눈이 오나 비가 오나 꾸준히 진행하는 것이 좋습니다. 팀이 구성된 이후부터는 단 1명만 나와도 모임은 진행된다는 사실을 보여주는 것이 매우 중요합니다. 사람이 적게 왔으니까 모임은 하지 않고 대충 시간만 때우고 멤버를 보내면 다음부터 그 모임은 지속하기 어렵습니다. 또한, 모임은 항상 상호간에 어떤 이익이 있어야 합니다. 여기서 말하는 이익은 금전적인 것이 아니라, 소속감과 무언가를 배우고 있다는 느낌을 말합니다. 이 두 가지를 채워주지 못하는 모임은 한두 번 모이다가 흐지부지해지는 경우가 많이 있습니다.

한 가지 더 팁을 드리면, 모임과 관련된 강의를 모임 장소에서 열어 수강생 중에서 핵심 멤버를 찾는 것입니다. 지식경영 바리스타 길드인 허밍 2호점의 임상분 대표는 독서 모임 팀을 만들기 위해 저에게 강의를 요청했습니다. 독서 모임 시작 예정일은 2016년 5월 28일. 저희는 상의 끝에 독서 모임 개최 일주일 전인 5월 21일에 강의를 진행하기로 했습니다. '나만의 꿈을 이루는 특별한 방법'이라는 주제로 제가 10명, 임상분 대표가 10명을 모으기로 했죠. 그렇게 총 20명을 모아서 동기부여 강의를 하면 최소 5명의 핵심 멤버가 생기지 않을까라는 생각을 했습니다. 강의 당일 20명이 모였고, 다음

주 딱 5명의 사람들이 함께 독서 모임을 하고자 허밍 2호점에 나왔습니다. 그렇게 시작한 대전 가양동에 있는 허밍 2호점 독서 모임은 지금도 매주 진행되고 있습니다. 그리고 2호점 독서 모임에 참석하던 부부인 백대열, 박은경 대표는 얼마 뒤 허밍 3호점에 가맹하여 인연을 이어나가기도 했습니다.

자, 이제는 여러분 차례입니다. 색다른 모임으로 우리 가게만의 문화를 만들어보시기 바랍니다.

CHAPTER 03

친밀하고 오래 가는
모임 만들기

 이번 장에서는 모임을 운영하는 방법에 대해 이야기를 나눠보려고 합니다. 제가 모임 시작 전에 팀을 먼저 만들라고 한 것 기억나시나요? 이를 팀빌딩(team building)이라고 합니다. 제가 이 팀빌딩을 의미 있게 이해하고, 직접 체험한 때는 2009년도 DTS라는 훈련을 하면서였습니다.

 DTS는 YWAM이라는 선교단체에서 진행하는 선교 훈련 과정 중 하나입니다. 그 당시 우리 팀은 아프리카 탄자니아에 3개월간 선교 및 봉사 활동을 떠났습니다. 이를 DTS에서는 아웃리치라고 부릅니다. DTS의 특이한 점은 일명 거지 순례라고 불리는 선교 봉사 활동을 하는 것입니다. 말 그대로 무일푼으로 떠나는 것이죠. 그러다 보니 팀워크가 매우 중요했습니다.

   팀은 12명의 훈련생들과 2명의 간사로 구성되어 총 14명이 떠났습니다. 재미있는 것은 12명 모두 각각의 역할이 있었다는 점입니다. 이 14명을 이끌 리더는 남자 1명, 여자 1명으로 구성되었습니다. 저와 다른 1명의 누나가 각각 팀 리더를 맡았죠. 그리고 팀 리더는 팀 구성원을 잘 파악한 뒤 저마다 역할을 주었습니다. 회계, 주방장, 타임키퍼, 워두티장, 썸장, 찬양인도자, 사진담당자 등 분야별 리더를 세우는 것이죠.

   이 담당 리더들은 일에 따라 팀을 이끄는 리더가 되어 리더십을 발휘합니다. 예를 들어, 워두티장은 봉사나 청소를 담당하는 사람으로 그 시간대에 각 팀원들의 포지션을 정하고, 일을 진행하는 것이죠. 즉, 상하관계가 아니라 서로 역할에 따라 리더와 팔로어가 되는 것입니다.

   이 방식은 저에게 매우 신선한 충격이었습니다. 보통은 리더와 총무가 일을 다 맡아서 하며 필요할 때 지시를 내리는 것이 일반적인데 이렇게 포지션을 나누니 정말 하나의 팀이 되더군요. 팀빌딩에 있어 가장 중요한 것은 팀원과 목적의식을 정확히 공유하고, 목적을 달성하기 위한 의욕을 불어넣으며 팀의 성공이 개개인의 성공보다 우선되는 분위기를 만드는 것입니다. 즉 여기서 핵심은 팀원들이 적극적으로 협력하게 만드는 것이죠.

DTS 기간 동안 저는 '친해지는 방법'도 배울 수 있었습니다. 사실 그 전까지만 해도 낯선 사람과 그냥 어쩌다가 친해진다고 생각했지 친해지는 방법이 따로 있을 거라 생각하지 않았습니다. 하지만 방법이 있더군요. 바로 자신이 살아온 이야기를 구성원들에게 하는 것이었습니다. 이때 몇 가지 원칙이 있습니다.

| 처음 만난 팀원들과 어떻게 친해질 수 있을까?

> ❶ 모든 팀원이 자신의 이야기를 돌아가면서 한다.
> ❷ 한 팀원이 자신의 이야기를 시작하면 다른 팀원은 모두 듣기만 한다.
> ❸ 이야기를 들으면서 판단을 하지 않으며 무조건적인 공감을 하며 듣는다.
> ❹ 들은 이야기를 다른 사람에게 말하지 않는다.
> ❺ 시간과 상관없이 하고 싶은 이야기를 다 해서 더 이상 이야기가 나오지 않을 때까지 진행한다. 이야기가 너무 길거나 지루하다고 해서 끊지 않는다.

사실 낯선 사람과 6개월간 공동체 생활을 한다는 것은 쉬운 일이 아닙니다. 나이와 성별, 직업과 지역을 뛰어넘어 40명 이상의 사람들이 같은 공간에서 지내야 하니 내부 규칙들도 엄격하고, 또 엄격한 만큼 마음을 터놓을 팀이 필요합니다. '대화하기 시간'은 보통 일주일 정도 진행되는데 정말 '말만 합니다. 아침 먹고 말하고, 점심 먹고 말하고, 저녁 먹고 말하고 다시 일어나서 아침 먹고 말하고를 반복하는 것이죠.

 태어난 이야기부터 지금까지 살아온 인생에 대해 다 이야기하고, 또 상대의 이야기를 다 듣고 나면 정말 신기하게도 친해져 있습니다. 생각해보면 우리가 베스트프렌드라고 생각하는 친구들은 모두 이런 시간을 보낸 사람들일 것입니다. 사람은 자신이 살아온 이야기를 말하고, 상대방이 살아온 이야기를 들으면서 친해집니다. 독서 모임에서든 가게 안의 사람들끼리든 이 방법은 어디에나 응용해서 써먹을 수 있습니다.

 따라서 모임을 개최하고 3회차까지가 매우 중요합니다. 모임 1회차에는 꼭 O.T를 열어야 합니다. O.T에는 우선 모임의 목적과 방향성, 운영 방식 같은 모임의 '룰'에 대해서 리더가 간략하게 설명해줍니다. 그다음부터는 구성원의 이야기를 듣는 시간을 가집니다. 이때 무작정 이야기를 하라고 하면 너무 어려우니 어느 정도 양식을 준비해서 진행하는 것이 좋습니다. 양식이라고 해서 거창한 것은 하나도 없습니다. 종이에 무엇을 발표해야 하는지를 적어서 주면 되는 것이죠.

| 모임 1회차 이야기 진행 목록

❶ 이름과 나이, 살고 있는 곳
❷ 했던 일, 하고 있는 일, 하고 싶은 일
❸ 모임에 오게 된 계기
❹ 앞으로 이 모임을 통해 기대하는 것과 개인의 목표

기본적으로 위와 같은 목록을 주며 이야기를 하면 됩니다. 총 진행 시간을 1/N로 계산해서 알람이 되는 타임워치를 사용하는 것이 좋습니다. 예를 들어, 총 진행 시간이 두 시간인데 리더가 모임의 목표와 방향성, 운영 방식들을 말하고 마무리까지 40분 정도의 시간이 필요하다면, 멤버가 말하면서 쓸 수 있는 시간은 120분에서 40분을 뺀 80분이 됩니다. 그리고 그날 온 멤버가 8명이라면 80분을 8로 나눈 뒤, 팀원들에게 이렇게 말합니다.

"1명당 10분씩 말씀하시면 됩니다. 그리고 할 말이 없더라도 10분은 채워주셔야 합니다. 생각이 잘 나지 않더라도 천천히 생각하며 말씀하시면 됩니다. 그리고 상대방이 말할 때에는 경청을 부탁드립니다. 경청이란 하던 것을 중단하고 상대방의 말을 온몸으로 듣는 것을 뜻합니다. 자, 그럼 ○○○님부터 진행하겠습니다."

2회차부터는 원래 생각했던 방향으로 진행하고 포지션에 따라 임원을 선출합니다. 보통 이때 총무를 뽑습니다. 총무의 가장 큰 역할은 회비를 잘 걷는 것과 회장이 없을 때 모임을 진행하는 것입니다. 선출된 총무와 임원에게는 모임의 리더가 책이나 작은 선물 하나를 포장해 주면 분위기도 화기애애해지고 좋습니다. 이렇게 3회 차까지 진행된다면 4회차부터는 훨씬 수월하게 운영될 것입니다.

이러한 모임의 핵심은 바로 1/N 사고방식입니다. 특히 발표가 많은 모임일수록 1/N 마인드는 매우 중요합니다. 한두 사람이 시간을 독점하지 않고, 구성원 전체가 모임에 기여할 수 있도록 시간이라는 기회를 주는 것이죠. 이 방식을 기억해 구성원 모두 팀원으로서 만족하며, 친밀하고 오래가는 모임을 만드시기 바랍니다.

CHAPTER 03

우리 가게만의
독서 모임 매뉴얼

이번 장에서는 독서 모임을 진행할 경우 책을 선정하는 방법과 강사님을 초청하는 방법에 대해 소개하겠습니다. 독서 모임의 형태를 크게 나누면 '토론식'과 '발표식'으로 나눌 수 있습니다. 토론식은 한 권의 책을 선정해 읽고 온 뒤 하나의 화두로 토론하는 형태입니다. 사실 이 방법이 이상적이기는 하지만 토론식 독서 모임을 하면 대부분 몇 명이 이야기를 독점합니다. 또 정치나 종교, 그밖에 민감한 부분에 의해 마음이 상할 수도 있고요. 그래서 카페에서 만약 독서 모임을 진행한다면 '발표식' 독서 모임을 권하고 싶습니다.

| 발표식 독서 모임 진행법

발표식은 말 그대로 한 권의 책을 읽어 와 정해진 시간인 6분 동안 책 내용을 발표하는 것입니다. 발표는 내가 책에서 본 것, 그것을 보고 내가 깨달은 것, 이번 한 주 동안 그것을 적용한 것을 정해진 시간 동안 홀로 말하는 방식입니다. 다른 멤버들은 그 시간 동안 발표자가 말하는 것을 노트에 적으면서 들으면 됩니다. 중간에 궁금한 것이 있어도 발표가 끝나기 전까지는 이야기를 끊으면 안 됩니다. 이를 '본·깨·적'(본 것, 깨달은 것, 적용할 것) 발표라고 합니다.

모든 멤버가 다 본깨적 발표를 마치면, 다시 처음으로 돌아가서 이번에는 다른 분들이 하신 이야기를 가지고 내가 쓴 노트를 보며 3분 동안 말하는 '듣·깨·적'(듣고, 깨달은 것, 적용할 것) 발표 시간을 가집니다. 보통 이렇게 진행하면 8명에서 12명 기준으로 두 시간이라는 시간이 금방 흘러갑니다. 만약 인원이 더 많이 올 경우에는 팀을 테이블별로 나눠서 진행하거나 듣깨적 발표 시간을 1분으로 줄여 진행하면 됩니다.

직접 진행해본 결과 본깨적 발표는 6분이 가장 적당합니다. 5분은 왠지 짧은 거 같고, 7분은 조금 길게 느껴진다는 공통된 의견들이 있었습니다. 즉, 1명이 쓰는 시간은 총 9분인데 이를 6분과 3분으로 나누는 것이죠. 그리고 처음 오신 분들은 3주 정도 듣깨적 발표만 시킵니다. 그래야 이 모임이 어떤 모임이고 어떤 형태로 책을 읽으며, 어떻게 발표하는지를 눈으로 보고 익힐 수가 있습니다. 처음에는 다 발표를 시켰는데 여러 가지 애로사항이 발생하더군요. 그래서 신입 회원들은 몇 주간 보고 관찰할 수 있는 시간을 주었습니다.

처음 1년은 제가 홀로 진행을 하고, 그다음 연도는 제가 회장을 맡고 다른 분께서 총무를 맡으셨고, 3년 차가 돼서야 회장님과 총무님을 각각 세울 수 있었습니다. 각 팀의 회장님과 총무님 그리고 각 2명씩의 팀원들, 총 8명의 독서 모임 분들께는 저희 매장의 출입 비밀번호를 공유했으며, 커피 머신을 다루는 방법을 가르쳐드렸습니다. 그래서 제가 혹시 강의를 가거나 다른 일이 생겨 참석을 못 하더라도 늘 매주 같은 시간에 독서 모임이 운영될 수 있죠.

매장에서 오너가 모임을 만들 때 가장 애매한 것이 바로 회비 문제입니다. 오너가 회비를 걷으면 모양새가 이상해지기 때문입니다. 그래서 총무를 세워야 합니다. 어떤 모임이든 매장에서 진행된다면 상호이익이 반드시 있어야 됩니다. 한쪽은 이익을 보고 다른 한쪽은 손해를 본다고 하면 그 모임은 지속하기 힘들어집니다. 아주 작은 돈이라도 말이죠. 사람의 마음은 좋을 때는 다 좋지만 어떤 한 가지에 상처가 나면 작아 보이던 문제도 커 보여 분열이 생기게 마련입니다. 그래서 애초에 회비에 대한 원칙을 정해놓고 시작하는 것이 좋습니다.

현재 저희 독서 모임은 월 15,000원이라는 회비를 받고 있습니다. 회비는 모임 중에 마시는 아메리카노 결제와 간단한 간식을 구매하는 데 사용하고 있습니다. 회비는 카카오뱅크에서 '모임통장'을 만들어서 관리하고 있고요. 카카오뱅크 모임통장은 회비를 낸 사람들도 표시되고, 회비를 사용할 때마다 모든 회원들이 볼 수 있기 때문에 편리하다는 장점이 있습니다. 매년 회장과 총무가 선출되고, 총무는 선출된 다음에 카카오뱅크에서 모임통장을 새로 만들고 있습니다.

| 우리 독서 모임에서 강연회 열기

독서 모임을 한 1년쯤 진행하면 모임에 공신력이 생기게 됩니다. 다른 사람들이 인정해주기 시작하는 것이죠. 이쯤 되면 작가 초청 행사를 진행할 수 있습니다. 이때도 가장 애매한 것이 바로 작가 강연료와 수강생들의 참가비입니다. 참가비를 높이면 작가님께 많은 강연료를 드릴 수 있어 좋지만 반대로 참석이 저조해지고, 참가비가 낮거나 없으면 작가님에게 차비도 못 드리는 상황이 생기니까요. 물론 오너가 마케팅 비용이라고 생각하고 전부 지불할 수도 있습니다. 그러나 그럴 경우 오래 지속하기 어렵습니다. 남지는 않더라도

손해는 보지 않아야지요. 우리는 자선사업을 하는 것이 아니기 때문입니다.

그렇다고 우리 이익만 생각하는 사업은 아닙니다. 작가님이 우리 동네에 오시면 살아 있는 지식이 공유되고, 강연 문화와 출판 시장에도 도움이 되고, 강의를 듣는 수강생에게도 좋은 영향을 주니 말이죠. 또 작가님 입장에서도 30권 이상 되는 책을 수강생이 구매해 주고 또 서평도 올려주고, 그 책을 지정 도서로 삼아 모임을 갖기도 하니 손해 보는 것은 결코 아닙니다. 저 또한 저자 강의를 나가는 입장이다 보니 작가와 수강생의 입장에서 생각했고, 그렇게 책정된 강의비가 바로 1만 원입니다. 물론 나중에는 변동이 있겠지만 지금은 이 금액이 적당한 듯합니다.

저자 특강 때는 딱 30명만 선착순 모집을 합니다. 그 이유는 30명을 넘어서면 13평 카페에 들어올 공간도 의자도 없기 때문입니다. 그나마 빨간색 플라스틱 의자를 사면서 20명에서 30명으로 인원을 늘릴 수가 있었지요.

현재 26번째 저자 초청까지 진행했는데 보통 공지를 올리면 8시간 만에 접수가 끝납니다. 강의가 있으면 토요독서 모임 단체 채팅방에서 먼저 접수를 하기 때문이죠. 그렇게 내부 모객이 끝난 다음 외부에 공지를 띄우기 때문에 30명 이하로 온 적은 없었습니다. 제가 강의를 해보니 강의비를 적게 주는 것보다 더 죄송스러운 것은 빈자리가 많이 생기는 것입니다. 그래서 저자 초청을 26번이나 했지만 꼭 만석인 상태로 작가님을 모시겠다는 생각으로 모객을 하곤 합니다.

| 강연 작가 섭외방법

다음 문제는 작가님 섭외입니다. 요즘은 SNS가 잘되어 있어서 작가님들과 소통을 할 수 있지만 안면이 전혀 없는 상태에서 작가님을 모신다는 것은 매우 어려운 일입니다. 강의료라도 많이 드린다면 수월하겠지만 한정된 예산으로 모신다는 것은 참 어려운 일이지요. 그래서 저는 작가님들이 모이는 모임에 나가 안면을 트고 서로 알게 된 후에 작가님께 부탁을 드리는 방법으로 섭외를 합니다. 그러기 위해서는 우선 명함을 주고받아야겠지요.

모시고 싶은 작가님을 직접 만났다면 독서 모임을 진행하고 있는데 작가님을 꼭 모시고 싶다고 말씀드리면 됩니다. 그리고 너무 죄송하지만 강의료는 정말 차비밖에 못 드릴 것 같다고 사전에 말씀을 드려야 됩니다. 대신 작가님 책을 지정 도서로 선정하여 독서 모임 멤버들이 구입해서 읽고, 책 내용을 가지고 이야기를 나눈 뒤 리뷰도 써드린다고 하면 섭외 가능성이 매우 높아집니다. 저 역시 차비만 드릴 수 있지만 제 책이 너무 좋아서 선정을 했고, 독서 모임 멤버 30명 이상이 다 구입하겠다고 말하는 곳이 있다면 기쁜 마음으로 갈 테니까요.

물론 작가님들 대부분 시간을 분 단위로 쪼개서 살 만큼 바쁘시기 때문에 일정 조율은 전적으로 작가님 일정에 맞춰드려야 합니다. 또는 어떤 이유로 거절을 당할 수도 있지만 서운해하지 마시고 그냥 그런가 보구나 하고 넘어가는 것이 좋습니다. 용기가 없어서 우리가 먼저 말을 못 할 뿐이지, 아무리 바쁜 작가님이라도 열과 성을 다해서 말씀드리면 와주시는 경우가 많이 있었습니다.

저는 작가님이 오시기 한 시간 전부터 모임을 시작하고, 매번 미니 강의를 준비해 진행하고 있습니다. 이유는 작가님이 강의를 하고 있는데 지각생이 들어오면 그것도 실례이고, 미리 강의를 들을 수 있는 분위기를 조성하기 위해서죠. 그리고 강의 전에 작가님 책과 이름이 들어간 현수막, 크리스털 감사패를 준비합니다. 그리고 강의가 끝난 후 작가님께서 시간이 되시면 핵심 멤버들과 함께 이른 점심을 대접해드리고, 약간의 강의료를 드리는 것으로 마무리를 짓습니다. 물론 감사의 마음과 책 리뷰도 꼭 남겨드리고요.

후일 카페허밍이 대전의 랜드마크가 되어 강의에 200명 이상 사람을 모을 수 있는 공간과 여건이 된다면 꼭 그전에 오셨던 강사님들을 모실 생각입니다. 200명이면 1만 원씩 받아도 200만 원, 2만 원씩 받으면 400만 원이니 지금 못 챙겨드린 강의비를 그때 꼭 챙겨드리겠다는 꿈을 가지고 있습니다.

중요한 것은 지금 이 자리에서 내가 가진 것으로 시작하는 힘입니다. 없으면 없는 대로 작으면 작은 대로 지금 시작해야 성장할 수 있습니다.

CHAPTER 03

작은 가게들의 모임,
콜라보 마케팅

　요즘 작은 가게들은 업종과 관련 없는 물건들을 함께 파는 경우가 많습니다. 예를 들면 파스타 가게인데도 머그컵과 텀블러, 다이어리와 볼펜을 함께 팔기도 하죠. 하지만 이를 뛰어넘어 이제는 자동차까지 파는 시대가 왔습니다. 바로 '커피빈 현대자동차 강남오토스퀘어점' 이야기입니다.

　현대자동차는 '강남오토스퀘어점'을 런칭하면서 20대와 30대가 좋아하는 커피 브랜드 커피빈 안에 자동차를 전시하고, 세계적인 스피커 회사인 JBL의 제품들을 체험할 수 있는 부스도 살짝 넣어두었습니다. 즉, 한 공간에서 자동차와 커피 그리고 스피커 기계까지 3가지를 협업한 것이었죠. 결과는 성공적이었습니다. 커피빈 간판을 보고 들어온 젊은 세대들이 아무 생각 없이 커피를 주문한 후 매장을 둘러보다가 JBL 제품을 발견해서 구경하고, 그 옆에 있는 현대자동차를 보고 관심을 갖게 된 것입니다.

원래 현대자동차 오토스퀘어 강남점은 현대자동차의 올드한 이미지를 바꾸기 위해 선택한 전략적 요지라고 합니다. 그리고 핵심 타깃인 젊은 세대를 매장으로 끌고 오기 위해 커피빈과 JBL에게 콜라보를 제안한 것이죠. 그렇다면 과연 결과는 어떨까요?

현대차 관계자의 말에 따르면 일평균 방문객은 지난해 250명에서 100명가량 늘어 350명이 찾아오고 있으며, 계약 건수도 2배 가까이 증가했다고 합니다. 개장 초기 하루 평균 20명이 방문했던 것에 비해 17배 이상 고객 방문률이 늘어난 셈입니다. 이런 형태의 협업 마케팅은 불경기일 때 많이 나타납니다. 서로가 살기 위해 손을 잡는 것이죠.

한편 카페 드롭탑은 삼성전자와 손을 잡아 갤럭시 노트 10.1이 장착된 스마트 테이블을 매장 안에 설치하였습니다. 할리스커피는 교보문고와 협약해 북카페 테마 매장을 만들기도 했습니다.

| 스타벅스의 투어 마케팅

다른 기업이 협업하는 형태가 아니라 하나의 브랜드에서 자신의 매장을 이용해 투어 형태의 마케팅을 하는 경우도 있습니다. 대표적인 회사가 바로 스타벅스입니다. 스타벅스 다이어리는 따로 수집하는 사람이 있을 정도로 유명합니다. 다이어리 하나를 얻기 위해 보통 사람들은 이해하지 못하는 힘든 미션을 수행하기도 합니다. 이 다이어리를 받기 위해서는 스타벅스에서 지정한 프로모션 음료 3잔과 기본 음료 14잔을 마신 스티커(스타벅스에서는 프리퀀시라고 부름)를 모아야 됩니다.

그렇게 총 17잔을 가격으로 환산하면 최소 7만 원에서 최대 12만 원 정도의 금액을 써야 합니다. 이 정도 금액이면 시중에 나와 있는 어떤 다이어리든 살 수 있습니다. 물론 17잔의 미션 없이도 32,500원을 내고 다이어리를 구매할 수 있습니다.

하지만 왜 사람들은 이 미션에 집착하는 걸까요? 이유는 32,500원을 내고 살 수 있는 다이어리의 컬러는 레드와 블랙밖에 없기 때문입니다. 다른 컬러의 희귀 다이어리를 받으려면 미션을 완수해야 합니다.

그렇게 받은 스타벅스 다이어리에는 그해 스타벅스에서 선정한 전국 12개의 지역 명소에 있는 매장들이 나옵니다. 이 12개의 매장은 정말 전국 여행을 가능하게 만들 정도로 서로 떨어져 있습니다. 놀랍게도 스탬프를 찍기 위해 제주도까지 가는 사람들이 꽤 많습니다. 다이어리에 소개된 매장의 스탬프를 다 모아 가까운 매장에 가면, 스태프가 인증 과정을 거친 후 땡큐 스탬프를 찍어주고 교환권을 줍니다.

교환권을 받아 홈페이지에 로그인 후 고객정보(이름, 주소, 전화번호)와 수령매장 그리고 교환권 번호를 입력하면 약 두 달 정도 뒤에 선물이 도착합니다. 선물은 스타벅스 앞치마를 포함, 다이어리, 음료교환권, 머들러와 코스터, 그 해 선정된 12개 매장이 상징적으로 표현된 머그컵입니다. 어때요? 들어보니 도전해보고 싶지 않나요? 역시 세계적인 브랜드는 참 대단하다는 생각이 듭니다.

이처럼 한 개의 매장이 아닌 여러 개의 매장을 연계해서 투어 형태의 마케팅을 하면 고객들에게 좋은 반응을 얻어낼 수 있습니다. 마치 유럽 여행을 가서 여권에 각 나라의 입출국 도장을 모으는 심리와 같습니다. 사람들은 누적과 경쟁을 좋아하죠. 그리고 도전하는 것도 재미있어 합니다.

이런 스탬프 투어는 자신만의 스토리를 창출하는 여정이기도 하죠. 비록 동일한 디자인의 다이어리지만 스탬프를 모으며 새긴 시간과 이야기는 지극히 개인적입니다. 즉, 스타벅스는 커피가 아닌 경험을 팔고 있습니다. 그리고 이 경험을 한 사람들이 많아질수록 그들만의 독특한 문화 생태계가 형성되죠. 이렇게 기업의 문화 생태계가 형성되면 다른 경쟁자들은 감히 따라 할 수 없는 진정한 차별화가 이루어집니다.

| 작은 가게들도 한다! 대전 스탬프 투어 마케팅

　스탬프 투어 형식의 연합 마케팅이 좋다는 것은 알지만, 현실적으로 이 마케팅은 혼자 실행할 엄두가 나지 않습니다. 참 꿈같은 마케팅이죠. 하지만 저에겐 너무 감사하게도 이 꿈같은 연합 마케팅을 함께해줄 동료들이 있었습니다. 앞서 말씀드린 대전 카페 오너들의 지식 공동체인 DCE입니다. DCE는 대전 커피 어울림(Daejeon Coffee Eoullim)의 줄임말로 "나비의 날갯짓은 작은 행동이지만 폭풍과 같은 커다란 변화를 만든다"라는 슬로건을 내걸고 2014년 처음 시작된 대전 커피전문점의 지역공동체입니다. 초록우산 어린이재단과 함께 '해외아동 식수지원 캠페인 WATER 4 CHILD'를 정기 후원하는 커피숍 대표들이 정회원으로 구성되어 있고, 월 1회 이상의 모임을 통해 업무 노하우 및 지식 공유를 하고 있기도 합니다.

　DCE에서 계속 벼르고 있던 것이 대전 카페문화에 새로운 날갯짓이 될 스탬프 투어였습니다. 정회원 10명이 되면 시작하자고 생각하고 있던 중 청주에서 개인 카페들이 모여서 스탬프 투어 마케팅을 시작했다는 소식을 듣게 되었습니다. 이 소식을 듣고 처음에는 조금 아쉬웠습니다. 이왕이면 국내 최초로 개인 카페 스탬프 투어를 만들고 싶었기 때문입니다. 물론 잘 알려지지 않은 어떤 공동체에서 스탬프 투어를 이미 했을 수도 있겠지만 말이죠. 그러나 쉽게 시작할 수 있는 마케팅이 아니기 때문에 존경심이 함께 들었죠. 그런 상황 속에서 마지막으로 사이드비의 원정민 대표가 들어오면서 비로소 DCE 스탬프 투어 스타트 팀이 만들어졌습니다. 10개 지점이 들어온 이후부터 정확히 두 달 동안 준비해 시작한 것이 바로 'DCE 대전 카페 투어북' 마케팅입니다.

DCE에는 정말 고급인력이 많습니다. 이 투어북은 카페 노르웨이 숲의 전윤숙 대표가 디자인을 맡아서 진행하셨는데 정말 어마어마한 퀄리티가 나왔습니다. 국내 최초는 아니지만 대전 최초로 진행되는 이 마케팅이 어떻게 기획되었는지 또 어떤 효과가 있는지에 대해 다음 장에서 자세히 다루겠습니다.

CHAPTER 03

지역 카페들이 모여 이뤄낸
스탬프 투어 마케팅

제가 DCE 연맹을 처음 접한 것은 2015년 후반기 대전 휴게음식업협회 대위원 정기총회에서였습니다. 저는 그해 협회 대위원으로 임명이 되어 참석하게 되었죠. 협회 사무국장님과 회장님께 인사를 드리고 소파에 앉아 있는데, 그때 '커피 동행'의 홍홍식 대표를 만났습니다. 총회가 끝나고 택시를 기다리고 있는데 뒤에서 클랙슨 소리가 들렸습니다. 홍 대표님이었습니다. 그렇게 매장까지 차를 얻어 타고 오면서 DCE를 알게 되었습니다.

그해 말부터 오너들이 돌아가면서 자신의 이야기와 업무 노하우를 PPT로 만들어 지식을 공유하는 모임이 시작되었습니다. 모두 가게 오너들이기 때문에 일을 마친 밤 11시에 모임이 시작됩니다. 모임 장소는 멤버들의 매장입니다. 매번 돌아가며 정하는 것이죠. 11시에 모인다고 해도 마감을 하고 모이면 11시 30분은 되어야 제대로 시작됩니다.

1부는 오늘 모임 장소로 정해진 매장 사장님의 창업과 운영 노하우에 대한 이야기를 듣는 시간입니다. 모두 카페 오너이다 보니 이야기에 다들 200% 공감을 합니다. 그리고 참 많은 것을 새롭게 배웁니다. 그간 각 대표님이 겪어온 시행착오를 들은 후배 오너들은 미리 시행착오를 예방하여 시간과 에너지를 절약하게 됩니다. 또한 선배 오너들은 후배 오너들의 창업 이야기를 들으면서 바뀐 시장 흐름에 대해 알게 되는 것이죠.

가장 기억에 남는 이야기는 '더 크레마' 사장님의 토끼 사례입니다. 더 크레마 초창기 때 손님들이 좋아할 것 같아 토끼 커플을 키우게 되었는데 계획과 달리 응분 아닌 응가의 대가를 받게 되었다는 이야기를 듣고 다들 박장대소를 했습니다. 동기부여가 되는 이야기도 많았습니다. '푸드박스' 김우순 대표님은 평균 기상 시간이 3시 30분이라 합니다. 모두가 놀라면서 어떻게 그 시간에 일어나느냐 물으니 씨익 웃으면서 "그냥 하시면 돼요"라는 엄청난 답을 하셨죠.

실질적인 엔지니어링을 배우기도 합니다. 여름 특집으로 홍흥식 대표님이 제빙기 분해와 소독에 대한 특강을 두 시간 동안 진행하기도 했습니다. 이런 강의는 어디 가서 돈 주고도 듣기 힘든 강의입니다. 보통 이렇게 1부가 끝나면 새벽 1시 30분쯤 됩니다. 그럼 간단한 야식을 먹으면서 2부를 시작합니다.

　2부는 돌아가면서 요즘 어떻게 살고 있는지, 장사는 어떤지 허심탄회하게 공유하는 시간을 가집니다. 대전 상권 전체에 대해서 알 수 있는 시간이죠. 이야기를 마무리하고 다음 모임을 공지하고 나면 새벽 2시 30분, 자리를 정리하면 새벽 3시쯤 모임의 모든 순서가 끝납니다.

　이렇게 지식 공유 모임을 이어오던 중 정회원이 10명이 되었고, 그때부터 생각만 하던 스탬프 투어 마케팅을 기획하는 시간을 가졌습니다. 2016년 7월부터는 이 기획을 위해 새벽 6시에 정기적으로 모였습니다. 그렇게 'DCE 대전카페 투어북'이 탄생하게 되었습니다.

| 마케팅을 위한 질문 4가지

　이 마케팅을 진행하기 위해 우리가 어떤 질문을 던지며 전략을 세웠는지 알려드리겠습니다. 연합 마케팅이든 카페에서 단독으로 진행하는 마케팅이든 다음과 같은 질문을 던지면서 전략을 세우면 쉽게 접근할 수 있습니다.

질문 1. 이 마케팅을 시행할 경우 우리의 고객은 누구인가?

이 질문은 어떤 사업이나 마케팅을 하든지 처음에 던져야 하는 질문입니다. 모든 것은 고객에게 시작해 고객으로 끝나기 때문입니다. 처음 생각한 것은 역시 대전에 사는 카페를 좋아하는 사람이었습니다. 하지만 이렇게 타깃 설정을 할 경우 마케팅 포인트를 맞추기가 어렵습니다. 이럴 때 '원타깃'을 잡습니다. '내 주변에 이것을 시행했을 때 누가 참여할까? 그 참여자는 어떤 특성을 가졌을까?'라는 질문을 던져보고 떠오르는 한 사람을 정하면 되는 것이죠. 이런 과정들을 거쳐 저희는 메인 타깃을 '대전에 살며 카페를 좋아하는 20대 중반 여성'으로 잡았습니다. 그리고 서브 타깃으로는 '대전에 살며 새로운 카페를 찾아다니는 사람들'로 잡았습니다.

질문 2. 이 마케팅의 콘셉트는 무엇인가?

여기서 말하는 콘셉트란 고객에게 우리가 제시하는 '제안'을 뜻합니다. 즉, 메인 타깃인 '대전에 살며 카페를 좋아하는 20대 중반 여성들이 좋아할 만한 것은 무엇일까?'로 질문을 던져보는 것이죠. 그렇게 던진 질문에서 나온 것이 바로 '스탬프 투어'였습니다.

그러고 나면 '그렇다면 이 스탬프 투어를 어떤 형식으로 구현하면 좋아할까?'라는 질문을 던집니다. 이런 식으로 질문에 질문을 던지면서 완성해나가면 되는 것입니다. 이런 메인 타깃 설정이 있었기에 디자이너가 역량을 발휘해서 정말 딱 20대 중반 여성이 좋아할 만한 상품을 만들게 된 것이죠.

질문 3. 이 마케팅의 키워드(해시태그#)는 무엇인가?

마케팅 키워드와 해시태그는 우리가 무엇을 밀고 나갈 것인가에 대한 의사 결정입니다. 우리는 이 투어북의 셀링포인트를 각 매장별 100개 한정판매로 잡았습니다. 그리고 대전 최초 스탬프 투어북이라는 것을 밀고 나가기로 했습니다. 그래서 우리가 같이 올리는 공통 해시태그인 '#DCE #대전커피어울림 #대전카페투어북 #스탬프투어북 #초록우산 #대전커피홀릭마스터'를 홍보할 때 붙여넣기로 했습니다. 열 곳이나 되는 카페에서 동시다발적으로 올려 이 해시태그를 점령하는 것이 목표였습니다.

질문 4. 이 마케팅의 목표와 기대 성과는 무엇인가?

가장 중요한 질문이기도 합니다. 항상 시작하기 전에 내가 원하는 결과를 그려보는 것이죠. 그래서 우리는 두 가지의 목표를 세웠습니다. 첫 번째 목표는 매 시즌별(6개월 단위) 각 매장의 신규 고객 1,000명 확보입니다. 두 번째 목표는 이 마케팅을 통해 각 매장의 브랜딩 강화 및 대전만의 긍정적인 카페문화를 만드는 것입니다.

기대 성과는 최대 각 매장별 300만 원 이상의 추가수익 발생입니다. 이는 1,000명의 고객들이 3,000원씩 소비를 했을 경우 가능한 수익입니다. 그리고 이를 통해 매스컴과 잡지, SNS상에서 이슈가 되어 고객들에게 대전 최초로 스탬프 투어를 진행한 가게로 기억되는 것입니다.

저는 참 많은 기대가 됩니다. 어쩌면 이 연합 마케팅은 지방 가게들의 대안이 될지도 모릅니다. 다들 힘들다고 말하는 이때 우리는 희망의 작은 나비 날갯짓을 펄럭여봅니다. 나비효과처럼 이 날갯짓이 대한민국 작은 가게의 문화에 어떤 영향을 줄지 기대를 하면서 말이지요.

남아프리카공화국 넬슨 만델라 대통령이 자주 썼던 그 말의 의미를 되새기며 이번 장을 마치려 합니다. "우분투(UBUNTU), 우리가 함께 있기에 내가 있다!" 아프리카 반투족의 말입니다. CF의 한 대목의 말처럼 나지막하게 말해봅니다.

"같이에 가치를 더하자."

Notice. 프랜차이즈에는 없는 작은 가게만의 문화 매뉴얼

📝 모임 문화 만들기

1) 모임 만드는 법

- 모임 설계: 모임 콘텐츠, 무엇을 추구하고 어떤 활동을 할 것인가, 장소, 시간
- 팀 구축: 초기 멤버 최소 5명 이상, 단순한 모임이 아닌 '팀'이라는 의식 부여
- 지속적인 콜링(초대): 새로운 회원이 계속 들어와야 모임에 긴장과 활력이 생긴다.

2) 모임 1회차 이야기 진행 목록

- 이름과 나이, 살고 있는 곳
- 했던 일, 하고 있는 일, 하고 싶은 일
- 모임에 오게 된 계기
- 앞으로 이 모임을 통해 기대하는 것과 개인의 목표

📝 독서 모임

1) 발표식 독서 모임 진행법

- 책을 읽어와 돌아가면서 본깨적 발표 6분을 한다.

- 멤버들의 발표를 모두 들은 뒤 듣깨적 3분을 한다.
- 멤버가 발표를 할 때는 노트에 메모를 하며 듣고, 질문은 발표가 끝나고 한다.
- 다른 멤버들의 발표에 대한 듣깨적 발표: 1인당 3분
- 본·깨·적: 책을 읽고 본 것, 깨달은 것, 적용할 것을 발표
- 듣·깨·적: 다른 멤버의 발표를 듣고 듣고, 깨달은 것, 적용할 것을 발표

마케팅을 위한 질문 4가지

- 질문 1. 이 마케팅을 시행할 경우 우리의 고객(나의 고객)은 누구인가?
- 질문 2. 이 마케팅의 콘셉트는 무엇인가?
- 질문 3. 이 마케팅의 키워드(해시태그#)는 무엇인가?
- 질문 4. 이 마케팅의 목표와 기대성과는 무엇인가?

Notice. 독서 모임 매뉴얼 예시

> 독서 모임을 10년 동안 진행하면서 지속적으로 버전업된 내용을 공유하려고 합니다. 아래 내용은 실제로 저희 독서 모임에 공지를 했던 내용들입니다.

✏️ 2022년 지정 도서 선정 매뉴얼 v3.0

작성일: 2021. 12. 12. (일)

작성자: 조성민 (이송화 회장님과 박지연 총무님과 ZOOM으로 회의 후 최종 결정안)

1) 개요

독서 모임에서 '지정 도서'는 매우 중요합니다. 지정 도서 선정이 미흡할 경우 독서 모임 멤버들이 지정 도서를 구매하지 않거나, 읽지 않는 경우가 생기게 됩니다. 그런 경우가 많이 쌓이게 되면 모임에 대한 신뢰도가 하락하게 되겠지요.

그래서 그런 안타까운 일들을 방지하기 위해서 내년부터는 지정 도서 선정 방법에 대한 버전업 작업을 하려고 합니다(지정 도서 선정 방법 v3.0).

2) 지정 도서 선정의 기존 방식과 개선 방식

기존 방식: v2.0(2016~2021년)

전에 읽었던 책 중에서 같이 읽어볼 만한 책들을 추천하고, 그것을 통으로 투표를 하는 방식이었습니다. 이러다 보니 장르가 겹치기도 하고, 책임의 소재가 분명해지지 않게 됩니다(지정 도서를 추천한 분이 모임에 참석하지 않거나, 그 책을 읽어오지 않는 경우도 있었고요).

* v1.0(2013~2015년)은 3P자기경영연구소에서 선정한 독서 리스트를 참고했던 것입니다.

개선 방식: v3.0(2022년~)

- 지정 도서 선정단: 올해 모임 중 80% 이상 참석하고 회비를 납부한 멤버가 다음 연도 지정 도서를 선정하는 선정단이 됩니다(아무리 오래되었어도 참석을 80% 이하로 했다면 선정단에서는 제외됩니다). 선정단은 매년 뽑히게 됩니다.
- 분야별 선정: 지정 도서의 장점은 독서 편식을 막아주는 것입니다. 그리고 다 같이 책을 읽고 서로 다른 관점을 보게 되는 장점도 있습니다. 분야는 총 열한 가지로 분류해서 1년 동안 각 분야 책을 두 권씩 읽을 수 있도록 배치하면 좋을 것 같습니다. 세부 내용은 다음과 같습니다.

① 자기 계발　　② 건강, 라이프스타일　　③ 경제, 경영

④ 고전, 인문　　⑤ 심리, 영성　　⑥ 에세이

⑦ 역사　　⑧ 소설, 문학　　⑨ 예술, 동화

⑩ 자연과학　　⑪ 인물 탐구

- 지정 도서 선정단이 각각 1분야를 선택하고, 그 분야의 책을 세 권을 추천합니다. 그러면 단톡방에서 투표를 통해 두 권을 선정합니다.

- 지정 도서를 선정 시 고려해야 될 것

　① 소장 가치가 있는 책으로 골라주세요(두 번 이상 읽어볼 만한 책).

　② 다 같이 읽고 나눌 이유가 있는 책으로 골라주세요.

　③ 특정 종교나 정치적 관점이 있는 책은 피해주세요.

3) 2022년 지정 도서 선정단

- 기준: 2021년 독서 모임에 80% 이상 본깨적 발표에 참석한 회원, 2021년 회비를 납부한 회원

- 선정단 리스트

　① 자기 계발: 이송화　　② 건강, 라이프스타일: 정인숙

　③ 경제, 경영: 곽홍근　　④ 고전, 인문: 주경숙

　⑤ 심리, 영성: 전보라　　⑥ 에세이: 박지연

　⑦ 역사: 이정화　　⑧ 소설, 문학: 조성민

⑨ 예술, 동화: 문초희　　⑩ 자연과학: 김은영

⑪ 인물 탐구 : 이진수

- 자신이 맡은 분야의 책 중에서 세 권을 골라서 주시면, 단톡방에서 투표로 두 권을 골라서 전반기, 후반기 지정 도서가 되게 됩니다.
- 지정 도서 추천은 2021년 12월 16일 목요일까지 조성민 개인톡으로 보내주시고, 정리해서 12월 17일 금요일부터 12월 19일 일요일까지 단톡방에서 투표를 진행하도록 하겠습니다.

4) 지정 도서 추천 양식

- 분야 :
- 추천인 :

① 제목/저자/출판사

　- 추천 이유:

② 제목/저자/출판사

　- 추천 이유:

③ 제목/저자/출판사

　- 추천 이유:

예시

- 분야 : 소설
- 추천인 : 조성민

1) 지금, 만나러 갑니다 / 이치카와 다쿠지 / 알에이치코리아

    - 가족&로맨스 소설. 일본과 한국에서 크게 히트친 소설. 일본 영화와 한국 영화(리메이크)로도 만들어지게 된 작품입니다. 소설과 영화 2편을 같이 읽고 보게 되면 좋을 것 같아서 추천합니다.

2) 13.67 / 찬호께이 / 한스미디어

    - 홍콩의 천재 작가가 홍콩 역사에 기반해서 쓴 추리소설입니다. 많은 사람들이 인생 소설이라고 말할 정도로 재미가 보장된다고 합니다. 그러면서 현대 홍콩에 대해서 생각할 거리를 던져주는 소설이라서 추천하게 되었습니다.

3) 달러구트 꿈 백화점 / 이미예 / 팩토리나인

    - 한국에서 오랜 시간 베스트셀러로 올라있기도 하고, 많은 사람들이 읽은 소설입니다. 한국판 해리 포터라고 불리며, 한번쯤 같이 읽어보고 나누면 좋을 것 같아서 추천하게 되었습니다.

허밍웨이 운영원칙

구분	내용
회원 자격	• 정회원: 월 회비를 납부하는 회원으로 독서 모임에 10회 이상 참석한 회원 • 열심회원(독서선정단): 정회원 중에서 작년도 모임참석을 80% 이상 한 회원 • 준회원: 독서 모임 10회 미만 참여한 회원 • 운영진: 회장, 총무 및 전년도 회장과 총무, 열심회원으로 구성 (임원임기는 1년)
회비 규정	• 처음 모임 참여자: 5,000원 (두 번 이상 참여할 경우 월 회비로 납부) • 월회비: 15,000원 (회비 사용 내역 : 커피 3,500원 X 4회, 간식비용) • 월회비는 총무가 만든 카카오뱅크 모임통장으로 매월 첫주에 입금. • 납부한 회비는 환불불가 • 한 달에 1회만 참석 시 당일 5,000원 납부 • 연회비를 1월 달에 입금하는 경우 15만원으로 할인
진행 방식	• 독서 모임 시간: 매주 토요일 오전 7시–9시 (2시간) • 진행에 관한 자세한 내용은 본깨적란 참조
기타 사항	• 독서 모임에 참석하지 못하는 경우 총무에게 미리 고지(간식준비의 어려움 발생 및 회비 남용의 우려) • 월 회비 사용 내역은 매월 초 공개 (카카오 뱅크에서 상시 확인 가능)
본깨적	• 본(본 것): 저자의 관점에서 본 것 • 깨(깨달은 것): 나의 입장에서 깨달은 것 • 적(적용할 것): 개인 적용과 현장 적용으로 나의 삶에 적용하는 것 본깨적 독서법과 독서 모임은 말로만 떠드는 토론법이 아닙니다. 우리가 하는 독서법과 독서 모임은 실제로 자신의 삶을 변화시키는 것에 초점을 맞춥니다. 세상을 바꾸려 하지 마세요. 세상은 바뀌지 않습니다. 그저 자신의 삶을 바꾸려 하십시오. 자신이 변하면 자신의 주변이 변하고, 자신의 주변이 변하면 자연스럽게 세상이 변하게 될 것입니다.

독서 모임 진행 방법

순서	내용
1	주중 지정 도서(격주로 자유 도서)를 본깨적 한다.
2	토요일 아침 7시가 되면 진행자의 인도 아래 독서 모임을 시작한다.
3	지정 도서를 본깨적 노트에 써온 정회원들만 순서를 정하고 1명씩 돌아가면서 6분씩 본깨적 발표를 한다.
4	발표자가 일어나 자기소개를 하면 이름을 세 번 부르고 마지막에 '힘'이라고 외치며 주먹을 들어 올려 격려해준다. • '힘' 구호: "홍길동입니다." / "홍길동! 홍길동! 홍길동! 힘!"
5	정회원이 발표 시간을 갖는 동안 나머지 회원들은 듣깨적(듣고 깨닫고 적용)을 한다. 듣깨적을 할 때는 독서노트에 메모를 하면서 듣는다.
6	본깨적을 해온 모든 정회원의 발표가 끝나면 모두가 참여해서 듣깨적 시간을 가진다.
7	듣깨적 발표 시간은 정회원, 준회원 각각 3분씩 갖는다.
8	지각, 책을 읽지 않은 경우, 지정 도서가 아닌 책으로 본깨적을 해온 경우는 정회원이라도 듣깨적 시간 3분만을 사용해서 발표한다.
9	준회원(신규 회원)은 본깨적을 해왔더라도 3분의 듣깨적 시간에 본깨적 발표를 한다.
10	발표자는 반드시 시간 내에 발표한다. 정해진 발표 시간이 지날 경우, 즉 타이머가 울릴 경우 할 말이 더 있다 하더라도 그 즉시 끝낸다(1/N 정신). 타이머는 발표자 자신이 설정하고 발표 시간이 지나면 자신이 끄도록 한다.
11	모든 회원의 발표가 끝난 뒤 모임 마지막에는 인증 샷을 찍는다.
12	인증샷을 찍고 나서 공지사항을 발표하고 박수를 치고 모임을 마치도록 한다.

허밍웨이 십계명

순서	내용
1	너는 일주일에 일독을 할 것이며, 그 일독은 표지만 읽어도 일독임을 알지어다. 너는 일독을 너무 무겁게 생각하지 말고, 아주 가벼운 마음으로 책을 읽고 독서 모임에 올지어다.
2	너는 독서 모임에 목숨을 걸지 말 것이며, 너무 거룩히 여기지도 말지어다. 항상 자신의 삶과 가족이 먼저임을 늘 기억하며, 책은 그러한 것들을 더욱 풍성히 만들기 위한 도구임을 알지어다.
3	너는 너의 지식을 자랑하지 말며, 다른 누군가 먼저 요청하기 전에는 결코 가르치려고 하지 말지어다. 가르치려고 하는 것은 교만이니, 이런 마음이 든다면 아직 책을 더 읽고 적용해야 될 때임을 늘 기억할지어다.
4	너는 책을 읽고 깨달은 것을 너 자신에게만 적용할 것이며, 그 적용을 다른 이들에게 하지 말지어다. 자꾸 다른 이들에게 적용하고 싶은 마음이 들면 3계명을 다시 읽고 본인의 삶을 들여다볼지어다.
5	너는 모임 중에 너의 말하는 시간을 철저히 지키며, 다른 사람의 스피치 시간을 탐하지 말지어다. 중요한 것은 1/N이니, 내가 말하는 시간만큼 다른 이들의 말하는 시간이 없어짐을 항상 염두에 둘지어다.
6	모임 시간을 정확히 지키며, 모임 시간 전에는 인증 샷을 남길지어다. 지각을 했으면 양심껏 3분 듣깨적 발표만 할 것이요, 지정도서 주간에 다른 도서를 읽었으면 그도 3분 듣깨적 발표만 할지어다.
7	회장의 마음을 어렵게 하지 말지니, 너도 언젠가 회장이 될 수 있음을 기억하라.
8	총무의 마음을 어렵게 하지 말지니, 밀린 회비는 총무의 마음을 상하게 하느니라.
9	그 사람이 없는 곳에서는 그 사람의 칭찬만 할 것이며, 그 어떠한 판단을 비롯하여 비난과 비판은 삼갈지어다.
10	너는 너무 정치적이거나 너무 종교적인 주제는 피할 것이니, 이는 서로에게 해가 되기 때문이니라. 정치와 종교에 대해 말할 시간에 너는 너 자신의 삶을 돌아볼 것이며, 이 모임이 왜 '나비 독서 모임(나로 인해 비롯되는 선한 영향력)'인지 늘 기억할지어다.

Chapter 4
새로운 매출을 만드는 '브랜딩 매뉴얼'

SUCCESS MANUAL

CHAPTER 04

전략 1: 책 쓰기,
나만의 노하우로 책을 써라

 장사를 하든 사업을 하든 아니면 직장 생활을 하든 지금보다 내 몸값을 높이려면 어떻게 해야 할까요? 결론을 말씀드리자면 그 분야의 전문가가 되면 됩니다. 전문가가 되어 나의 역량이 커질수록 몸값은 그만큼 올라갈 것입니다. 문제는 전문가가 되는 방법이죠.
 전문가를 이야기할 때는 꼭 '1만 시간의 법칙'이나 '10년 법칙' 같은 이야기가 나옵니다. 하지만 진짜 누구나 1만 시간의 법칙을 지키고, 그 분야에서 10년 동안 일하면 모두 몸값이 오르고 전문가가 될 수 있을까요? 주변을 돌아보면 3년, 5년밖에 일하지 않았는데도 전문가로 인정받는 사람들이 많습니다. 또한 같은 10년이라는 시간을 보내도, 그 10년을 어떻게 보냈는지는 사람마다 다를 것입니다. 목적의식 없는 10년의 허송세월보다는 강력한 열정으로 미쳐 있는 1년이 더 많은 것을 성장시키기도 합니다. 같은 일을 해도 월급을 받기 위해 어쩔 수 없이 일하는 사람과 전문가가 되기 위해 미쳐서 일하는 사람은 하늘과 땅의 차이입니다.

나를 브랜딩하는 최고의 방법, 책 쓰기

그렇다면 어떤 성과물이 자신을 전문가로 만들어주는 데 결정적인 계기를 제공할까요? 바로 나만의 책을 쓰는 것입니다. 그것도 내가 해온 '업'에 대해 그리고 앞으로 계속 해나가야 할 '업'에 대한 노하우가 잘 정리된 책 말이죠.

자신의 업에 대한 책을 써서 소위 대박이 난 오너들이 많습니다. 천호식품 김영식 회장은 2008년 중앙북스에서 《10미터만 더 뛰어봐!》를 출판하고 난 뒤 2010년 1천 200억이라는 최고 매출을 달성했습니다. 오케이아웃도어닷컴 장성덕 대표는 2010년 《오케이아웃도어닷컴에 OK는 없다》가 20만 부가 팔린 뒤 폭발적인 매출성장을 경험했다고 합니다. 그리고 류근모 사장의 《상추 CEO》(oceo, 2012), 김성오 대표의 《육일약국 갑시다》(21세기북스, 2007) 이영석 대표의 《총각네 야채가게》(김영한, 이영석, 2003) 모두 자신의 업에서 이룬 성과를 잘 정리해서 쓴 책들이며 그들을 그 분야의 '스타' 반열에 올린

책이기도 합니다.

우리는 보통 책을 쓴 사람을 그 분야의 전문가라고 생각합니다. 그러면서 이런 생각을 많이 하죠. '그 사람이야 그 분야의 전문가니까 그 책을 쓴 거지, 나 같은 평범한 사람이 책은 무슨······.' 하지만 그들은 전문가라서 책을 쓴 것이 아니라, 책을 써서 전문가가 된 것입니다. 책을 쓰는 것은 최고의 공부가 됩니다. 책 한 권을 쓰기 위해서는 최소 50권에서 200권 사이의 책을 참고하고 또 관련 분야의 정보를 모으며, 생각하고 정리해야 할뿐더러, 자신의 사례로 만들어서 나온 결과물도 내야 하기 때문이죠.

자신의 이름이 찍힌 책을 출판하는 것은 누구나 한 번쯤 꿈꾸는 일일 것입니다. 하지만 그 방법을 모르기 때문에 감히 실행할 엄두가 나지 않는 것이죠. 자신만의 책을 쓰고자 하는 분들에게 추천하는 책 두 권이 있습니다. 첫 번째 책은 조영석 소장님의 《이젠, 책쓰기다》라는 책입니다. 이 책에는 책 쓰기의 모든 것이 아주 현실적이고 전략적으로 나와 있습니다. 특히 마케팅적 사고방식으로 소위 말하는 팔리는 책을 쓰는 노하우가 담겨 있기도 합니다. 두 번째 책은 나타리 골드버그의 《뼛속까지 내려가서 써라》(한문화, 2013)입니다. 책을 쓸 때 최고의 동기부여가 되는 책입니다. 읽는 순간 가슴이 뛰어 서둘러 글이 쓰고 싶어지는 책이죠. 저에게 동기부여를 준 내용은 다음과 같습니다.

> 앞으로 5년 동안 쓰레기 같은 글만 쓸 수도 있다는 사실을 받아들여야 한다. 이런 쓰레기와 퇴비에서 피어난 글쓰기만이 견고한 글이 된다. 당신은 예술적 안정성을 지니게 된다. 안에서 울려 나오는 목소리를 두려워하지 않는다면 바깥에서 쏟아지는 어떤 비평도 무섭지 않다.
> 《뼛속까지 내려가서 써라》, 나탈리 골드버그, 한문화, p.43

나탈리 골드버그는 또 책에서 이런 말을 합니다. "글을 쓸 수 있는 시간만 있다면 어떤 글이든 쓰겠다는 자세가 중요하다. 오직 글쓰기는 글쓰기를 통해서만 배울 수 있다. 글을 쓰는 데 자신의 재능이나 잠재력을 문제 삼을 필요가 없다. 작가가 되고 싶다면 써라! 설령 그 글이 출판되지 않더라도 또 다른 글을 계속 써라. 훈련은 당신의 글을 점점 더 훌륭하게 만들어줄 것이다."

《나는 스타벅스보다 작은 카페가 좋다》 어떻게 썼을까?

중학교 2학년 때 동네에 만화대여점이 처음 들어왔습니다. 정말 신세계였죠. 삼면이 만화로 둘러싸인 공간에 책장은 이중 구조로 되어 있었습니다. 매일 만화책을 5권에서 10권씩은 봤습니다. 그때부터 저는 만화가를 꿈꾸며 살았습니다. 《드래곤볼》과 《닥터슬럼

프》,《슬램덩크》 같은 코믹스를 보면서 살았죠. 그렇게 4년의 시간이 흘러 고등학교 2학년이 되었을 때에는 더 이상 볼 만화가 없을 정도였습니다. 고등학교 졸업한 저는 자연스레 애니메이션 학과로 진학하게 되었고, 충무로에 있는 애니메이션 회사에 처음으로 취직하게 되었습니다.

고등학교 입시미술 2년 그리고 대학에서 전문적으로 3년, 총 5년 동안 배우고 중학교 2학년 때부터 꿈꿔온 것까지 합치면 대략 10년이라는 시간이었습니다. 하지만 저는 애니메이션 회사에서 딱 100일 만에 뛰쳐나오고 맙니다. 제가 하고 싶었던 것은 '스토리'를 만들고, 나의 이름으로 된 작품을 남기는 것이었는데 회사에서 저는 그림을 그리는 기술자에 가까웠기 때문입니다. 또한 재능에 한계를 느껴 그 자리에서 10년을 버틸 엄두가 나지 않습니다.

그 뒤로 인생을 뒤돌아보기 위해 아프리카에 다녀왔고, 회사 생활을 다시 시작했습니다. 회사 생활을 하면서 퇴근 후에 매일 한 편의 글과 그림을 블로그에 올리기 시작했죠. 방문자가 오든 말든 매일 한 편씩 올렸습니다. 그때 블로그 이름이 바로 '허밍'이었습니다. 퇴근 후에 내가 콧노래를 부르면서 위로를 얻는 공간이라는 뜻이었습니다.

그렇게 결혼하고 커피 아르바이트를 시작하기 전까지 그랬습니다. 나중에 결과물을 출력해보니 A4 바인더 두 권 정도로 어마어마한 분량이 나오더군요. 처음에는 이것을 출판해줄 곳이 있지 않을까 출판사를 찾아다녔죠. 하지만 출판사 모두 거절하였습니다. 처음에는 그 이유를 몰랐는데 나중에 책 쓰기 수업을 들으면서 알게 되었습니다. 제가 그때 쓴 것은 글이지 책이 아니었습니다. 책은 40개의 글이 하나의 주제나 콘셉트로 통일된 것이라면 글은 하나의 주제를 마음대로 40개 쓰는 것이었죠. 즉, 기획이 안 되었다는 것입니다.

그래서 저는 책 쓰기 학교에 등록하여 책을 기획하고 쓰는 방법에 대해 체계적으로 배웠습니다. 9주 과정으로 진행되었는데 저에게는 꿈같은 시간이었죠. 9주 동안 몰입해서 책 쓰기를 하는 시간을 가졌습니다. 카페는 점장님과 직원들에게 맡겨놓고, 서재에 가서 하루 12시간 이상 책만 썼죠. 놀라운 경험이었습니다. 그렇게 해서 나온 책이 《나는 스타벅스보다 작은 카페가 좋다》입니다.

지금 돌파구가 필요하다면 자신의 지식을 책으로 써보시길 바랍니다. 전혀 새로운 세계가 열릴 것입니다. 그리고 그 분야의 코치를 만나시길 바랍니다. 독학도 좋지만 전문적인 코치를 만나서 일을 할 경우 시행착오를 줄일 수 있으니까요. 가장 최고의 재테크는 주식이나 부동산 투자가 아닌 몸값을 높이는 것이라고 합니다. 그것이야 말로 진정한 '자산'이 될 테니까요.

CHAPTER 04

전략 2: 강의하기, 작은 가게 오너는 모두 지식경영자다

작은 가게에서 벌어들이는 매출에는 분명 한계가 있습니다. 매출 문제에서 자유로운 소규모 자영업자는 없을 것입니다. 수도권이 아닌 지역에 위치한 동네 13평 저희 가게의 하루 매출은 그리 높지 않습니다. 하루 40만 원에서 60만 원밖에 안 되죠. 2012년부터 2022년까지 10년이라는 시간이 흐르는 동안, 같은 상권 안에 카페가 6곳이나 생겼다가 없어졌습니다. 지금은 이 작은 상권에 총 4개의 카페가 있습니다. 카페가 늘어나면서 시장도 함께 커지겠지만 지역 특성상 일정 매출 이상은 돌파하기 힘들 것이라 생각합니다.

애초에 월세만 100만 원인 이곳에서 생존 목표 매출 33만 원 그리고 성공적인 매출 50만 원이라는 생각으로 장사를 시작했습니다.

새롭게 오픈하는 카페들이 생길 때마다 다른 돌파구가 필요하다는 생각했죠.

| 커피와 함께 강의를 팔자

저는 고민 끝에 시간 관리와 자기 계발에 대한 강의를 듣고, 코칭 자격을 땄습니다. 처음 2년 동안은 바리스타가 2명밖에 없어서 빨간 날은 쉬었는데 그때 처음으로 사람들을 모아 강의를 열자는 생각을 했습니다. 그리고 이를 실행했습니다. 제가 코칭 자격을 따기 위해서 들인 돈은 대략 100만 원이었습니다. 그 강의를 듣고 나서 제가 첫 번째로 한 일은 제가 들은 강의를 저만의 강의로 다시 만드는 작업이었습니다. 강의 핵심 내용을 정리하고, 지금까지 진행해오던 강의들도 다시 정리하고, 사례들은 모두 제 사례로 바꾼 것이죠.

그다음 저는 예상되는 수강생들에게 이렇게 말했습니다. "제가 100만 원짜리 강의를 듣고 왔는데, 이걸 제 방식으로 다시 재구성해 만든 강의가 있습니다. 이 강의를 딱 5만 원에 해드릴게요. 들어보시고 마음에 안 드시거나 불만족스럽다면 100% 환불해드리겠습니다. 어때요? 들어보실래요?" 그때 카페허밍은 전혀 알려지지 않은 작은 가게였습니다. 그래서 내건 것이 바로 100% 환불보증 제도였습니다. 20명이 목표여서 20명이 다 채워질 때까지 카페에 오신 손님들을 1명씩 붙잡고 강의를 소개했습니다. 그렇게 해서 총 20명을 모았고, 그날 저녁 제 통장에는 20명의 수강비인 100만 원을 확인할 수 있었죠. 100만 원이라는 금액이 어떻게 생각하면 크고 어떻게 생각하면 작지만, 금액을 떠나서 저에게는 참 의미 있는 돈이었습니다. '아……, 커피가 아닌 콘텐츠로 돈을 벌 수 있구나!'라는 생각을 처음 해본 것이니까요.

2014년 8월 15일 저는 초보 강사 주제에 8시간 풀강의를 카페에서 처음 진행하게 되었습니다. 강의가 끝나고 다행히 20명 중 아무도 환불 요청을 하지 않았습니다. 오히려 많은 자극을 준 강의에 감사하다고 용기를 주고 가셨습니다.

이후 입소문이 나 유치원과 어린이집에서 불러주셔서 다른 곳에 강의를 나가기 시작했습니다. 그리고 책이 나오면서부터는 강의 콘텐츠를 '카페 창업 마케팅'이라는 주제로 백화점 문화센터를 시작으로 서울시 장년 창업센터와 전국의 대학교 그리고 대한민국 커피축제와 '커피앤티페어' 같은 커피 축제, 현대카드와 배달의민족에서도 강의를 할 수 있었습니다.

강의는 고수익을 내는 강력한 도구입니다. 장사처럼 재료비가 들어가는 것도 아니며 그저 내가 가진 지식을 수강생들에게 잘 전달해주면 되니까요. 저자가 되고 나서 제가 받은 강의비는 문화센터나 작은 회사의 경우 두 시간을 기준으로 25만 원에서 30만 원, 대학이나 기업에서는 40만 원에서 50만 원선이었습니다. 그리고 평생교육과정 같은 경우 15회 출강하고 300만 원에서 400만 원 정도의 강의비를 받을 수 있었죠. 제가 가장 높은 강의비를 받은 것은 시간당 100만 원이었습니다. 더욱 놀라운 것은 제가 받고 있는 이 강의비가 계속 오르면 올랐지 떨어지지는 않을 것이라는 점입니다. 왜냐하면 시간이 지날수록 저의 노하우와 경험은 계속해서 쌓일 테니 말이죠. 보통 일반 카페에서 50만 원을 벌려면 3,000원짜리 아메리카노 166잔을 뽑아야 합니다. 그것도 반나절 혹은 하루 종일 일을 해서 말이죠.

물론 강사라고 해서 딱 두 시간만 쓰는 것이 아닙니다. 오가는 시간과 강의를 준비하기 위해 쏟은 시간과 노력을 생각하면 50만 원이라는 돈은 어떻게 보면 작을 수도 있습니다. 또한 가게의 오너인 제가 계속 강의만 할 수도 없습니다. 카페허밍이 잘되고 있기 때문에 강의처에서는 저를 부르는 것입니다. 즉, 강의의 핵심은 바로 제가 가게에서 직접 일하고 있다는 점과 그 안에서 성과를 내고 있다는 점입니다. 핵심을 놓쳐 만약 가게에서 성과가 나지 않는다거나 좋지 않은 일이 발생한다면 저를 강의자로 부르는 분들이 줄어들겠죠.

| 매출의 포트폴리오를 넓히자

제가 이번 장에서 드리고 싶은 말씀은 현재 벌고 있는 매출의 포트폴리오를 조금만 넓혀보자는 것입니다. '포트폴리오'라는 용어는 주식에서 많이 쓰는 용어입니다. 주식 투자 시 위험은 줄이고 수익은 극대화하기 위해 여러 종목에 분산해 투자하는 방법을 뜻하죠. 이때 기준은 안정성, 유동성, 수익성 3가지입니다.

그리고 수익 모델은 보통 성장형, 안정성장형, 안정형 등으로 구분하고 있습니다. 성장형은 주식에 70% 이상을 투자하고 나머지는 안정적인 채권에 투자하는 것으로 위험하지만 고수익을 기대할 때 쓰는 것이며, 안정형은 이와 반대로 투자하는 것을 말합니다.

자영업을 하면서 강사로 활동하기 위해서는 주식처럼 우리의 에너지와 시간을 어떻게 투자할지 전략이 필요합니다. 즉, 스스로 우리 가게와 강의에 어느 정도 힘을 배분할 것인지 정해야 합니다. 안타깝게도 자영업에 종사하는 이상 강의에 100%나 가게에 100% 투자하는 전략은 선택할 수 없습니다. 우리는 30%와 70%의 힘을 전략적으로 나눠 진행해야 하는 것이죠. 보통 강의 시즌에는 강의에 쏟는 힘을 70%로, 강의 시즌이 끝나거나 카페에서 어떤 큰 프로젝트를 진행할 때는 반대로 힘을 투자하는 것이 좋습니다. 하지만 어디까지나 본질은 나의 주업에 있다는 점을 잊어서는 안 됩니다. 저

같은 경우를 예로 든다면 어디까지나 카페가 본질이고, 거기에 집중하면서 강의를 진행해야 합니다. 이런 우선순위 없이 강의를 하다 보면 본업이 무너질 수 있으니 조심해야 합니다. 지금은 지식이 곧 돈이 되는 사회입니다. 작은 일을 하더라도 체계적으로 기록하고, 분석하고, 정리해두면 그것은 곧 자본이 됩니다. 내가 일하면서 깨달은 지식들에 대해 누군가는 비용을 지불하고 들을 생각이 있다는 것이죠.

책이 출간된 후 강의 요청이 많아져서 강의에 대해 더 깊은 공부가 필요하겠다는 생각이 들었습니다. 그래서 저는 《강사력》의 저자이신 정찬근 강사님으로부터 '프로강사학교' 강의를 조금 더 깊이 배우기로 다짐했죠. 이때 제가 배운 것은 강의의 본질과 프로 강사로서의 기본자세였습니다. 특히 수강생을 분석해서 강의에 녹여내는 것과 강의를 가기 전에 수강생 이름을 모두 기억하라는 강의 노하우는 지금도 저에게 많은 도움이 되고 있습니다. 만약 이런 것을 스스로 깨우치려고 했다면 족히 10년은 걸렸을 것입니다. 특히 정찬근 강사님의 비공식 슬로건인 '강똑살치약죽'은 저의 강의를 조금 더 개성 있게 만든 핵심 개념이었습니다. '강똑살치약죽'은 정찬근 강사님이 만든 용어로 '강점은 똑소리 나게 살리고, 치명적인 약점은 죽여라'의 줄임말입니다. 가장 나다운 강의를 하라는 뜻을 지닌 그 말을 염두에 두고 가장 조성민다운 강의를 찾기 위해 노력한 시간이었죠.

　지금 우리가 쌓고 있는 이 경험들과 시행착오들은 우리의 자산이 됩니다. 그러므로 잘 기록해두시고, 분석하고 정리해서 강의 콘텐츠로 만드는 훈련을 해보시길 바랍니다. 그리고 지식이 필요한 곳을 찾아서 강의를 해보시면 놀라운 일들이 벌어질 것입니다. 지금 하고 있는 일을 집중해서 보되 조금 더 넓고 깊게 바라보는 연습이 필요합니다. 가수 서태지의 말처럼 길 밖에도 세상은 있습니다. 지금 보이는 길이 좁게 느껴진다면 나를 브랜딩하여 길을 넓혀 보시길 바랍니다.

CHAPTER 04

전략 3: SNS,
나만의 브랜드를 PR하라

요즘은 자기 PR(Public Relation) 시대라고 합니다. 자기 PR을 조금 재미있게 표현하면 P(피) 피할 것은 피하고, R(알) 알릴 것은 알리는 것이라고 합니다. 유명 강사들이 1년에 한 권씩 꾸준히 책을 내는 것, 금액과 상관없이 방송에 자신을 노출시키는 것, 가끔 열리는 무료 혹은 무료에 가까운 세미나 등등 모두 자기 PR을 하고 있는 것입니다. 이를 다른 말로 '퍼스널 브랜딩'이라고 합니다.

| 우리 가게만의 브랜드, 나만의 브랜드

보통 브랜드라고 하면 기업이 떠오릅니다. 그것은 코카콜라나 스

타벅스 같은 브랜드명일 수도 있고, 혹은 나이키의 v자형 로고일 수도 있습니다. 기업이 추구하는 철학이나 이념, 목표 같은 것들을 함축적으로 담아내는 것이 바로 '브랜드'의 역할입니다. 그런 점에서 브랜드는 그릇과도 같습니다.

같은 음식이더라도 플라스틱 접시에 담긴 음식과 고급 사기그릇에 담긴 음식은 느낌이 다릅니다. 즉, 어떤 그릇에 담느냐에 따라 가치가 달라지는 것입니다. 브랜드가 그릇이라면 브랜딩은 그릇을 만들어가는 것이라고 할 수 있습니다.

브랜드의 1차적 목적은 다른 브랜드와의 '차별화'입니다. 같은 업종, 같은 서비스를 하더라도 어떤 점을 '차별화'시켜 고객이 기억하게 만드는 것이 브랜드의 역할입니다. 성공한 브랜드는 하나의 카테고리에서 대표 자리를 차지한 것입니다. 예를 들어, 햄버거 하면 '맥도널드', 커피 하면 '스타벅스', 운동화 하면 '나이키'처럼 바로 바로 떠오르는 것들이죠.

기업과 마찬가지로 사람도 하나의 브랜드가 될 수 있습니다. 개인의 브랜드 작업을 퍼스널 브랜딩이라고 합니다. 내가 어떤 사업을 할 때 나의 고객과 잠재 고객들에게 '나는 무엇을 하는 사람인지, 어떤 분야의 전문가이며, 무슨 도움을 줄 수 있는지'를 함축적으로 설명해주는 것'이죠. 제가 이 개념을 배운 것은 책 쓰기 수업을 통해서였습니다. 수업 시간에 저는 이런 질문을 받았습니다.

"조 대표는 대한민국이라는 시장에서 어떤 분야의 전문가로 포지셔닝하고 싶으세요?"

그 질문을 받고 저는 나의 강점과 약점 그리고 지금까지 이루어낸 성과들과 재능들, 앞으로 이루고 싶은 일들을 곰곰이 생각해보았습니다. 답은 '작은 카페 전문가'였습니다. 그렇다면 저는 '작은 카페 전문가'가 되기 위해 어떤 노력을 했을까요?

어떤 사람을 전문가로 인식하기 위해서는 3가지 요소가 필요하다고 합니다. 바로 '책'과 '강의' 그리고 'SNS'입니다. 이 3가지를 통해 우리는 다른 사람을 '전문가'라고 인식하게 됩니다.

'외식경영전문가'라는 말을 들으면 누가 떠오르시나요? 저는 백종원 대표가 생각납니다. 실제로 백종원 대표가 쓴 책들을 보면 '외식경영전문가 백종원이 쓴'이라는 문구가 있으며, 빽다방 간판에도 '외식경영전문가 백종원의 커피전문점'이라는 이미지가 쓰이고 있습니다.

그럼 우리는 이 '백종원'이라는 사람을 어떻게 알게 된 것일까요? 저 같은 경우 방송을 보다가 우연히 알게 되었습니다. 재미있는 말투와 자신만의 철학이 있는 사람이라는 느낌에 방송이 끝난 후 인터넷 검색창에 검색을 해봤죠. 그랬더니 인물 정보가 뜨고 그가 쓴 책들이 쭉 나오는 것이었습니다. 이때 든 생각은 '아~ 원래 유명했는데, 나만 모르고 있었구나.'였습니다. 그다음 책을 사서 봤고, 강의를 듣게 되었죠. 그리고 백종원 대표가 하고 있는 프랜차이즈를 보면서 제 머릿속에 '외식경영전문가 = 백종원'이라는 등식이 성립하게 되었습니다.

| 책보다 가볍게 그리고 쉽게 SNS 브랜딩하기

어떤 사람이 머릿속에 전문가로 자리를 잡기 위해서는 우선 그 사람에 대한 정보를 알아야 합니다. 보통 대중들은 방송이나 유튜브 혹은 인터넷을 통해 어떤 사람을 알게 되거나 우연히 듣게 된 강연을 통해 알게 됩니다. 어떤 사람에 대해 알게 되어 흥미가 생기면 검색을 하게 되고, 검색을 하다가 그 사람이 쓴 책이 있으면 그 사람을 그 분야의 '전문가'라고 생각하게 됩니다. 사실 그보다 실력이 더 뛰어나고, 경력이나 연륜이 더 높은 사람들이 분명 있을 것입니다.

하지만 실력, 경력, 연륜이 아무리 뛰어나다고 한들 꼭 그 사람을 '전문가'로 인식한다는 보장은 없습니다. 이때 필요한 것이 바로 퍼스널 브랜딩입니다. 퍼스널 브랜딩은 내가 어떤 분야의 전문가가 되고 싶은지 정하고, 그 분야의 전문가로 인식되기 위한 전략적인 행동을 말합니다.

어떤 분야의 전문가로 인식되고 싶다면 그 분야에 대한 책을 쓰고, 강의를 지속적으로 해야 한다고 합니다. 베스트셀러 작가나 스타 강사들이 매년 책을 한 권씩 내는 것은 결코 우연이 아닙니다. 퍼스널 브랜딩을 위한 전략적인 행동입니다. 한 분야에 대한 책을 세 권 이상 출간하면 전문가로 확실히 자리를 잡게 된다고 합니다.

책에 들어 있는 정보들은 비교적 무겁고 느린 반면 SNS에서 주는 정보들은 가볍고 빠릅니다. 책과 강의를 홍보하기 위해 개인이 할 수 있는 가장 강력한 행동은 바로 SNS 활용입니다. SNS 활동을 통해 사람들은 그 사람에게 흥미를 가지게 되고, 오프라인 강의를 하고 있다면 강의를 신청해 듣게 되기도 합니다. 그리고 강의를 듣고 감동을 느끼면 책까지 구매하게 되죠.

'퍼스널 브랜딩을 위한 SNS 활동'은 그냥 우리가 일상을 올리는 SNS 활동과는 분명 달라야 합니다. 퍼스널 브랜딩을 위한 SNS 활동은 말 그대로 나의 전문성을 더 빛나게 해주는 하나의 활동이자 나를 고객에게 알리기 위한 것이어야 합니다. 그리고 그 활동은 SNS에 내가 올리는 콘텐츠에 의해 결정됩니다.

| 퍼스널 브랜딩을 위한 콘텐츠의 종류

- 이성적 콘텐츠: 이익(돈을 벌게 하거나 돈을 아껴주거나)
- 감성적 콘텐츠: 공감(재미있거나 감동을 주거나)

콘텐츠에는 크게 두 종류가 있습니다. 하나는 이성적인 콘텐츠이고, 다른 하나는 감성적인 콘텐츠입니다. 즉, 사람들이 어떠한 포스트를 보든지 강의를 들으러 갈 때에는 두 가지 동기를 가지고 갑니다. 그럼 하나씩 살펴보겠습니다.

이성적 콘텐츠 : 이익(돈을 벌게 하거나 돈을 아껴주거나)

이성적인 콘텐츠의 가장 중요한 키워드는 '이익'입니다. 사람들은 이익에 반응합니다. 돈을 버는 방법에 대해서 강의를 열면 많은 사람들이 반응을 하게 됩니다. 경매 강의나 부동산, 주식 강의들이 여기에 속합니다. 그리고 돈을 버는 방법이 아닌 돈을 아끼는 방법에 대해 강의를 해도 사람들은 반응을 합니다. 절세 강의나 회사 운영에 대한 강의, 시간 관리나 자기 계발 강의들이 여기에 속합니다. 자기 계발 강의는 돈을 버는 강의에 속할 수도 있겠네요.

만약 이성적인 콘텐츠를 만들 거라면 '이익'을 확실하게 보여줘야 합니다. 예를 들어 '주식으로 돈을 버는 방법'이 아니라 '종잣돈 500만 원으로 3개월 안에 6천만 원을 버는 방법'이라고 강의 콘셉트를 잡아야 많은 사람이 반응을 해 모객도 수월해질 것입니다. 물론 과장광고나 허위광고는 하지 말아야겠죠. 과장되거나 거짓된 정보로 사람을 모으면 언젠가 무너집니다. 그러니 이익을 내세울 때에는 정확한 정보를 바탕으로, 하지만 명쾌하게 보여줄 필요가 있습니다.

감성적 콘텐츠: 공감(재미있거나 감동을 주거나)

감성적인 콘텐츠의 가장 중요한 키워드는 '공감'입니다. 사람들은 재미있거나 감동적인 강의에 반응합니다. 재미나 감동은 공감에서 시작됩니다. 그렇다면 공감은 어디에서 시작되는 것일까요? 바로 '관찰'입니다. 관찰이 깊어지면 통찰이 됩니다. 스타 강사들의 강의를 듣다 보면 그들의 관찰력을 넘은 통찰력에 놀랄 때가 있습니다. 삶의 한 부분을 잘 관찰해서 캐치한 다음 강의에 녹여내는 것이죠. 김미경 강사가 표현하는 엄마의 모습이나 김창옥 교수가 표현하는 직장 상사의 속마음은 정말 놀랄 정도입니다. 보통 재미나 감동은 상황을 다른 각도에서 보여주고, 말하면 됩니다. 즉, 절망적이었던 상황을 매우 재미있게 표현하거나 완벽해 보이는 상황을 뒤집어서 보여주면 거기에서 재미나 감동이 시작되는 것이죠.

SNS 활동은 이제 선택이 아닌 필수가 되었습니다. 많은 이가 자신의 상품, 강의, 생각들을 팔기 위해 SNS를 이용합니다. 할 시간이 없다는 핑계를 대기 전에 나보다 훨씬 바쁜 사람들이 왜 SNS에 자신의 생각을 올리고, 포스팅을 하고 있는지 생각해봐야 합니다. 또한 SNS에 어떤 콘텐츠를 올리기 전에 항상 이런 질문을 던져야 합니다.

'어떤 콘텐츠를 올려야 사람들이 나를 전문가로 인식할까?'
'지금 올리는 이 콘텐츠가 장기적으로 나에게 이득을 주는가?'

SNS는 그 확산력 때문에 무명의 사람을 스타로 만들어주기도 하지만, 반대로 잘못 다루거나 경솔한 행동 또는 실수를 했을 경우 무서울 정도로 데미지를 입을 수 있다는 사실을 기억해야 합니다. SNS는 마치 양날의 검과 같기 때문이죠. 이런 양날의 검인 SNS를 잘 활용하셔서 전문가가 되시기를 바랍니다.

CHAPTER 04

전략 4: 독서,
한계를 돌파하는 힘

앞서 말씀드린, '책 쓰기', '강의하기', 'SNS로 나를 알리기'가 눈에 보이는 열매라면 앞으로 말씀드릴 전략 '독서'와 '시간 관리'는 열매를 위한 뿌리에 해당됩니다. 눈에 보이는 열매보다 더 중요한 것은 열매를 내는 뿌리입니다. 나무의 높이를 좌우하는 것은 뿌리의 깊이라고 합니다. 즉, 나무의 높이는 뿌리의 깊이에 비례하는 것이죠.

| 좋은 뿌리가 롱런하는 가게의 시작이다

《기적의 사과》(김영사, 2009)의 저자 이시카와 다쿠지는 무농약 사과 농사를 꿈꿉니다. 하지만 당시 사과는 무농약 농사가 불가능하다는 의견이 많았습니다. 그럼에도 이시카와 다쿠지는 무농약 사과 농사에 도전했습니다. 9년 동안의 시도와 좌절 끝에 결국 실패하는 것처럼 보였습니다. 큰 절망감에 빠진 그는 산에 올라갔다가 자연 상태의 도토리 나무를 보게 됩니다. 완벽한 상태의 나무를 보다가 그는 새로운 사실을 깨닫게 됩니다. 바로 완벽한 사과를 위해선 좋은 뿌리가 필요하단 사실이었죠.

그때부터 그는 뿌리에 관심을 가지고, 좋은 뿌리를 만들기 위해 노력을 하게 됩니다. 그는 열매가 아닌 뿌리, 더 나아가 그 뿌리가 내릴 '땅'에 집중한 것이죠. 좋은 땅을 만들면 자연스럽게 뿌리가 튼튼해지고 뿌리가 튼튼해지면 거기에 맞는 열매가 날 것이라는 생각이 맞았던 것이죠. 그가 그렇게 길러낸 사과나무들은 병충해에도 강하고, 자연 치유 능력이 있으며, 매우 깊이 뿌리를 내리는 나무가 되었다고 합니다.

한번은 일본에 강한 태풍이 왔는데 다른 농장의 사과나무들은 뿌리째 뽑혔음에도 불구하고 그의 사과나무들은 굳건히 그 자리에 서 있었다고 합니다. 또한 그렇게 해서 열매를 맺은 그 사과는 정말 '기적의 사과'가 되었습니다. 향과 맛은 물론이고, 반으로 쪼개놔도 다른 사과처럼 색이 변하지 않는 그런 사과가 탄생한 것이죠. 이처럼 너무 좋은 환경(비료가 풍부한 땅)은 오히려 나무의 성장과 열매에 좋지 않은 영향을 줍니다. 이는 커피나무도 마찬가지입니다. 좋은 커피 열매가 나오기 위해서는 척박한 땅이 필요합니다. 땅이 척박하면 커피나무는 성장을 멈추고 열매에 집중하기 때문이죠.

| 성공 가게의 뿌리가 되는 독서

혹시 창업을 했는데 너무 어려운가요? 아니면 지금 삶이 척박한가요? 만약 그 구간을 지나고 있다면 열매가 아닌 뿌리에 집중해야 합니다. 그 시간은 우리가 뿌리를 깊게 내릴 수 있도록 그리고 앞으로 더 향기로운 열매를 맺기 위해 준비하는 시간입니다. 지금은 너도나도 창업을 해서 모두가 힘든 시기입니다. 하지만 이때 힘들다고 다 포기하면 중요한 시기를 놓치고 마는 것입니다. 다른 업종은 몰라도 특히 카페는 책 읽을 시간 하나만큼은 엄청 많습니다.

뿌리를 내린다는 생각으로 성장에 뿌리가 되는 책들을 읽으시기 바랍니다. 물론 몇 개월 동안은 읽은 책들이 어디로 갔는지, 기억도 안 나는 시간이 있을 것입니다. 그리고 이런 의문이 들죠. '과연 이 모든 것이 무슨 소용일까? 이런다고 뭐가 달라질까?' 이럴 때 제가 해드리고 싶은 말은 콩나물에 대한 이야기입니다. 어릴 때 콩나물 한 번쯤 키워보셨을 것입니다. 콩나물에는 많은 양의 물을 줘도 금방 '쏴아' 하고 다 빠져버리고 맙니다. '콩나물이 물을 제대로 먹고 있나?'라는 생각이 들 정도로 말이죠. 하지만 몇 주가 지나면 정말

'콩나물 자라듯'이라는 말처럼 쑥쑥 자란 콩나물을 볼 수 있죠. 독서도 이와 마찬가지입니다. 처음 책을 읽으면 잘 이해도 안 되고 머리에도 들어오지 않습니다. 하지만 한두 달, 일이 년 지속하다 보면 분명히 달라진 점을 느낄 수 있습니다.

성공한 사람들 중에는 다독가가 많습니다. 이들의 공통점은 책을 많이 읽어서 성공하는 것이 아니라, 책을 통해 생각이 변하게 되어 성공을 한 것입니다. 《리딩으로 리드하라》(차이정원, 2016) 저자 이지성은 독서를 천재들의 사고에 접속하는 것이라고 정의했습니다. 독서는 생각의 한계를 깨트려주는 가장 강력한 도구입니다.

목회 활동을 하다가 이혼을 하고 나서 백수가 된 지승룡 대표는 심한 우울증을 앓고 있다가 어느 날부터 정독도서관에 가서 책을 읽기 시작했다고 합니다. 처음에는 동화책으로 시작해 매일같이 책을 읽은 그는 3년 동안 책을 읽고 민들레 영토라는 새로운 개념의 가게를 만들게 됩니다. 근육무기력증이라는 희귀병에 걸려 병실에서 모든 희망을 잃은 24세 청년 박성수는 병원 생활을 하며 5년간 3천 권의 책을 읽게 됩니다. 그는 29세 때 기적적으로 병이 나아, 단돈 500만 원으로 2평짜리 옷가게를 시작해서 지금은 매출 10조 원의 대기업 이랜드를 설립합니다. 일본 최대 유통회사인 소프트뱅크의 손정의 회장도 3년간의 간암 투병 기간 동안 4천 권의 책을 읽었다고 합니다. 책을 많이 읽어 성공한 사람들의 자서전을 보면 어느 순간 모든 것이 하나로 꿰뚫어 보이는 현상이 나타난다고 합니다. 바로 '문리가 트이는 현상'이죠.

주식세계에는 이런 말이 있다고 합니다. "브라질에 비가 내리면 스타벅스 주식을 사라." 언뜻 보면 이해가 안 가는 말입니다. 왜 브라질에 비가 내리는데 스타벅스 주식을 사야 할까요? 브라질에 비가 내리면 브라질 커피 농사가 잘되어서 풍년이 든다고 합니다. 그럼 커피가 많이 생산되어서 생두 가격이 내려가게 되는 것이죠. 스타벅스 원두에서 가장 많이 쓰는 커피 종류가 바로 브라질 원두입니다. 그래서 내려간 가격만큼 스타벅스는 이익을 보게 되고, 그것이 주식에 반영이 되는 것이죠. 그러니 브라질에 비가 내릴 때 스타벅스 주식을 샀다가 나중에 주식이 오르면 팔아서 이익을 보게 된다는 소리입니다.

지금 내가 돌파해야 하는 문제가 있다면 그에 대한 책 10권을 사서 읽어보기 바랍니다. 나와 비슷한 문제를 겪은 사람들이 어떻게 해결했는지 알 수 있습니다. 이 세상의 문제 중 99%는 이미 해결책이 나와 있다고 합니다. 다만 우리가 그것을 모를 뿐입니다.

| 7등분 본깨적 독서법, 아침 15분 독서법

그럼 어떻게 책을 읽어야 할까요? 저는 '7등분 본깨적 독서법'과

'아침 15분 독서와 책 가지고 다니기'를 권해드립니다. 대부분의 책은 보통 300쪽에서 350쪽으로 구성되어 있습니다. 이 350쪽의 책을 일주일로 나누면 하루에 50쪽씩 읽으면 됩니다. 그럼 50쪽마다 모퉁이를 접은 후 거기에 각각 '월, 화, 수, 목, 금, 토, 일'이라고 적어두는 것이죠. 그리고 아침에 15분만 일찍 일어나서 그 분량을 읽으면 됩니다. 습관처럼 책을 들고 다니며 틈날 때마다 읽고 다녀도 일주일에 한 권은 거뜬히 읽을 수 있습니다. 책을 다 읽은 후에 꼭 노트에 본깨적 방식으로 적어야 합니다. 그리고 그 주간에 책에서 읽은 적용점을 업무에 적용해보시기 바랍니다.

마지막으로 책을 읽으면서 성과가 나기를 원한다면, 읽으면서 질문을 던지는 습관을 익혀야 합니다. 그리고 책을 내 상황에 맞게 재해석하고 적용하려는 노력도 필요합니다. 가장 좋은 질문은 '이 책의 저자가 지금 내가 겪고 있는 상황에 놓였다면 어떻게 했을까?'라고 생각해보는 것입니다. 그리고 '이 책의 저자라면 분명 이렇게 했을 거야!'라고 생각하는 일을 지금 하면 됩니다. 절망하지 마십시오. 분명 길이 있고, 희망이 있습니다. 독서로 지금의 한계를 뛰어넘으시기를 응원하겠습니다.

CHAPTER 04

전략 5: 시간 관리, 미련한 사장이 되지 마라

> 내가 자명종을 누르고 이불 속으로 기어 들어갈 때,
> 그는 공원으로 산책을 하며 하루를 설계한다.
> 내가 두 번째 자명종을 누르며 지겨워할 때,
> 그는 아내와 아침식사를 한다.
> 내가 겨우 일어나 치약을 짜고 있을 때,
> 그는 아내의 웃음 띤 인사를 받으며 출근한다.
> 내가 허겁지겁 집을 나서 콩나물 전철 속에서 땀 흘릴 때,
> 그는 한산한 전철에서 책을 읽고 회사에서 스케줄을 챙긴다.
> 누가 인생의 승자일지는 뻔하다.
> – 《성과를 지배하는 바인더의 힘》 강규형, 스타리치북스, 2013, p.158

처음 자기 경영과 시간 관리에 대해 배웠을 때 나온 예화입니다.

찔리는 부분이 많이 있었죠. 오너에게 가장 중요한 것은 바로 자기 관리입니다. 진정한 오너는 스스로 목표를 정하고 그것을 달성하기 위해 스스로 시간을 관리하는 사람입니다.

| **부자가 되고 싶다면 명품 지갑을 사라**

《부자들은 왜 장지갑을 쓸까》(21세기북스, 2011)의 저자이자 세무사인 카메다 준이치로는 "지갑은 인생을 바꾸는 최고의 도구"라고 합니다. 그는 돈을 모으고 싶으면 싼 것이 아닌 필요한 것을 사야 하며, 절약하고 싶다면 비싼 물건을 사라고 말합니다. 물론 이 책이 정답이라 할 수 없지만 읽다 보면 저자가 왜 그런 이야기를 하는지 본질을 알게 됩니다. 저자는 "부자가 되고 싶다면 명품 장지갑을 사라"라고 말합니다. 바로 매몰비용 효과가 나타나기 때문입니다.

'매몰비용 효과'란 돈이나 노력, 시간 등을 투자한 경우 성공 가능성에 관계없이 투자한 대상을 지속적으로 끌고 나가려는 성향으로 주로 부정적으로 쓰이는 경제용어입니다. 하지만 긍정적으로 쓰일 때도 있습니다. 예를 들어 비싼 강의를 들으면 강의 내용을 꼭 실천하게 되거나, 운동을 배울 때 필요한 용품을 비싸게 주고 구입하면 비교적 오랜 기간 다닐 수 있는 것과 마찬가지죠. 제가 강의를 했을 때도 무료강의에서는 성과가 나지 않지만, 같은 내용을 유료로 강의했을 경우 성과가 났습니다. 저도 다른 분의 강의를 들었을 때 마찬가지 경험을 했습니다.

부자가 되고 싶다면 장지갑을 사는 것처럼, 시간 관리를 잘하고 싶다면 마음에 쏙 드는 다이어리와 시계를 장만하는 것도 한 방법입니다. 이때 가격에 따라 구하는 것이 아니라 정말 마음에 쏙 드는 것을 구하는 것이 포인트죠. 다이어리 같은 경우 커버 느낌부터 종이의 재질, 편리함과 디자인 같은 모든 것을 고려해서 정말 쓰지 않고서는 못 배길 녀석으로 구해야 합니다.

저 같은 경우 2013년부터 한 가지 다이어리를 사용하고 있습니다. 저는 사실 하나를 꾸준히 하는 힘이 약한 편입니다. 그런데 시간 관리 수업을 듣기 위해 꽤 비싼 금액을 지불하고 다이어리도 가장 좋은 재질로 사고 나니 매일 시간을 기록하며 쓸 수 있었습니다. 진정 어떤 것을 바꾸고 싶다면 그만큼 대가를 지불해야 합니다. 마음만으로는 부족합니다. 시간과 돈을 지불해야 내가 바꾸고 싶은 것을 바꿀 수 있습니다.

그리고 또 하나는 시계입니다. 시간 관리를 하고 싶으면 시계부터 차야 한다는 것이 제 생각입니다. 요즘은 휴대폰에 시간이 뜨기 때문에 시계가 필요 없다고 말하는 분들도 있지만, 이는 아까 말씀드린 장지갑과 같은 맥락입니다. 내 능력 안에서 늘 차고 다니고픈 시계를 하나쯤 마련하시기 바랍니다. 지금 제가 차고 다니는 시계는 처음 카페 사업을 시작하면서 구입한 시계입니다. 저는 이 시계를 보면서 늘 처음을 생각합니다. 그리고 시간을 아껴야겠다고 생각합니다. 또한 로마 콜로세움을 형상한 시계를 보며 진정한 승리를 위해 어떻게 시간을 사용할지 묵상하기도 합니다. 시간 관리를 위한 마음의 준비를 마쳤으니 이제 방법에 대해 알아보겠습니다.

경영학의 아버지이자 삶에서 많은 성과를 낸 피터 드러커 박사는 《성과를 향한 도전》(간디서원, 2010)에서 성과를 내는 시간 관리의 핵심을 3가지로 말했습니다.

| 피터 드러커 박사의 성과를 내는 시간 관리법

❶ 너의 시간을 알라. 즉, 너의 시간을 기록하라.
❷ 시간을 관리하라. 즉, 시간 낭비의 원인을 제거하고, 위임할 것은 위임하라.
❸ 시간을 하나의 묶음으로 모아라. 즉, 자잘한 시간이 아닌 성과를 내기 위한 시간을 통으로 확보하라.

너의 시간을 알라. 즉, 너의 시간을 기록하라

어떻게 시간을 파악할 수 있을까요? 가계부처럼 시간을 종이 위에 기록하면 됩니다. 기록하다 보면 내가 어디에 시간을 쓰고 있으며, 생산성이 왜 낮은지 알 수 있습니다. 또한 바쁜 것이 아니라 쓸데없는 일을 의외로 많이 하고 있다는 사실도 알게 됩니다.

시간을 관리하라. 즉, 시간 낭비의 원인을 제거하고, 위임할 것은 위임하라

기록된 시간을 살펴보며 찾아낸 시간 낭비의 원인을 제거합니다. 예를 들면 늦잠을 자서 아침시간을 통째로 날려버리는 경우입니다. 카페를 운영하거나 술집을 하는 오너들에게 많이 나타나는 문제점이죠. 하지만 시간을 기록해보면 자기 전에 TV를 본다거나 게임을 하는 등 생산성이 낮은 일을 하고 있었다는 걸 알게 됩니다. 원인을 확인했으니 지금보다 일찍 잠들 수 있는 환경을 조성하도록 고민하고 해결책을 찾아봅니다.

또한 모든 일을 혼자서 다 할 것이 아니라 효과적으로 위임할 필요가 있습니다. 이때 업무의 중요도를 ABC로 나누어 생각하면 도움이 됩니다. A는 내가 꼭 처리해야 할 일, B는 내가 아니라도 누군가 처리할 수 있는 일입니다. C는 해도 그만, 안 해도 그만인 일입니다. ABC 분류를 위해서는 우선 해야 할 일의 리스트를 만들고, 그 앞에 표시를 해야 합니다. ABC로 분류한 다음 다시 일처리 순서를 앞에 붙입니다. 'A-1, A-2, A-3, B-1, B-2'처럼 말이죠. C등급에 해당되는 일들은 A와 B가 끝난 다음 모아서 한 번에 처리합니다. 처음 일을 시작할 때는 위임받은 일을 잘할 때 좋은 성과가 나고, 관리자로 올라가면서부터는 위임을 잘할수록 성과가 난다고 합니다.

시간을 하나의 묶음으로 모아라. 즉, 자잘한 시간이 아닌 성과를 내기 위한 시간을 통으로 확보하라

자잘한 시간으로 큰 성과를 내기는 어렵습니다. 큰 성과에는 늘 묶음의 시간이 필요합니다. 중요한 일을 결정하거나 프로젝트를 진행해야 한다면, 매일 조금씩이 아닌 하루에 몰아서 하는 게 더 효과적입니다. 예를 들어 앞장에서 소개한 매뉴얼 작업은 묶음의 시간을 내지 않는 이상 만들기가 힘듭니다.

시간 관리의 본질은 바로 '목표 관리'입니다. 시간을 아무리 열심히 써도 목표가 불분명하다면 의미가 없습니다. 누구나 열심히 살고 있습니다. 중요한 것은 목표입니다. 시간 관리를 정말 잘하고 싶다면 다이어리와 시계를 사고, 또 시간을 기록하기에 앞서 내 목표가 무엇인지 정확히 정해야 합니다. 목표가 명확하고, 그것을 이루겠다는 절박한 마음을 가지면 시간 관리는 저절로 됩니다.

책을 쓰고, 강의하고, SNS에서 나를 알리고, 책을 읽고, 시간 관리를 하면서까지 이루고 싶은 당신의 꿈은 무엇인가요? 가게를 창업하든 직장을 다니든 꿈을 놓아서는 안 됩니다. 내가 하고 있는 일의 연장선상에 꿈을 올려둬야 합니다. 나의 행동과 시간을 꿈을 이루기 위한 하나의 과정으로 만드는 것이 시간 관리의 진정한 핵심입니다. 내가 먼저 꿈을 포기하지 않는 한, 꿈은 나를 먼저 포기하지 않습니다.

에필로그

작은 가게는 작은 가게만의 방법이 있다

　2015년 4월 《나는 스타벅스보다 작은 카페가 좋다》라는 책이 출간되었습니다. 부족한 책이었지만 참 많은 독자분들이 응원과 격려를 보내주셨습니다. 또한 창업에 도움이 많이 되었다는 이메일과 문자 그리고 직접 찾아오시는 분까지 제가 생각했던 것보다 과분한 사랑을 받은 1년이었습니다.

　제 멘토이신 3P자기경영연구소 강규형 대표님께서는 제 책을 줄여서 '나스작'이라는 별명까지 지어주셨습니다. 그래서 저도 제 책을 소개하거나 말할 때 '나스작'이라고 부릅니다. '나스작'이 나오고 난 후 참 많은 일들이 있었습니다. 이야기를 조금 드리자면 다음과 같습니다.

　2014년에 이어 2016년에는 우리나라 최대 규모 커피축제 중 하나인 '커피앤티페어'에 작은 카페 전문가로 나가서 강의를 비롯하여 대학교와 각 기관에서 강의를 진행하였습니다. 또한 KBS, SBS, 한국경제TV, 아리랑TV 등 많은 언론에 소개되는 영광을 누리기도 했습니다. 그리고 2016년 4월 5일에는 길드 형식의 카페인 '카페허밍 2호점'을 오픈하기도 했습니다. 그 밖에도 참 전국을 다니면서 참 많은 사람들을 만났죠.

하지만 여전히 작은 가게를 운영하는 것이 쉽지 않습니다. 책이 나오고 방송에 소개되었음에도 불구하고 여전히 작은 가게에서 생겨나는 태생적인 한계에 부딪치곤 합니다. 공간 활용부터 매출에 대한 고민, 마케팅과 브랜딩에 대한 막막함은 여전히 마음 한구석에 남아 있습니다. 이런 문제들과 막막함이 생길 때마다 저는 책을 보고, 강의를 듣고, 직접 다른 매장을 찾아보면서 공부를 합니다. 어찌 보면 이런 한계에 부딪히고 문제가 발생하기 때문에, 더 노력하고 발전할 수 있는 것이 아닐까 싶습니다.

이 책은 저와 같은 고민을 하는 작은 가게 오너들에게 도움이 되고자 제가 찾은 몇 가지 노하우를 담아낸 책입니다. 저 또한 아직 '성공'이 아닌 '성장'을 하고 있는 단계이기 때문에 이것이 정답이라고 말씀드리기는 어렵습니다. 그러나 오너들의 고민을 조금이라도 나누고 덜어주고 싶다는 작은 소망이 이 책을 마지막까지 쓸 수 있게 해주었습니다.

요즘 트렌드인 가게들은 복잡한 도시를 떠나 외곽지역에 땅을 사서 건물을 크게 올리고, 거기에서 전문 바리스타와 제빵사가 한 팀이 되어 운영하고 있습니다. 공부도 할 겸 그런 가게들을 방문해보면 너무도 잘 꾸며진 시설과 어마어마한 규모에 놀랄 때가 종종 있습니다. 거기다 한 대에 수천만 원을 호가하는 로스터기와 고급스러운 인테리어까지……. 솔직히 기죽을 때가 많습니다. 하지만 가게에 돌아와서는 '나는 나, 지금 이 자리에서 내가 할 수 있는 것에 최선을 다한다'라는 생각으로 13평 작은 가게에서 즐겁게 업무에 임하곤 합니다.

큰 가게는 큰 가게 나름대로 작은 가게는 작은 가게 나름대로 방법이 있겠지요. 장사나 사업에 정답은 없다는 것이 제 생각입니다. 그러나 이 책을 통해 지금 이 자리에서 시작할 수 있는 용기와 도전을 줄 수 있다면 그것이 책을 쓰고 있는 저의 성공이라고 생각합니다.

현대 경영학의 아버지인 피터 드러커 박사님은 이렇게 말씀하셨습니다.

"어떤 성과든 습득이 가능하다."

그리고 저에게 자기경영이라는 것을 처음 가르쳐주신 강규형 대표님은 강의 때마다 이런 말씀을 하십니다.

"열정은 지치지 않는 것이다."

그래서 저는 이런 명언을 만들어봤습니다.

"지치지 않는다면 어떤 성과든 습득이 가능하다."

그렇습니다. 지치지 않는다면 아무리 작은 가게라도 돌파구는 존재합니다. 이 책이 작은 가게 오너들 그리고 예비 가게 오너들에게 아주 작은 돌파구가 되길 다시 한 번 기도하며 이 책을 마칩니다.

대전 13평 작은 가게 '카페허밍'에서
오너바리스타 조성민 올림

부록

작은 가게 브랜딩
30 DAY 성장 노트

SUCCESS MANUAL

- 30 DAY BUILD UP NOTE 1.
  실패 없는 작은 가게 창업 노하우

- 30 DAY BUILD UP NOTE 2.
  작은 가게 브랜딩 30 DAY 성장 노트

30DAY BUILD UP NOTE 1

실패 없는 작은 가게 창업 노하우

| 창업 전 반드시 알아야 할 5가지

❶ 될 만한 곳을 찾는 방법   ❷ 월세 계산법
❸ 권리금과 보증금 계산법   ❹ 인테리어 회사 선정법
❺ 처음 레시피 정하는 법

될 만한 곳을 찾는 방법

작은 가게를 시작한다면 그 어떤 장사를 막론하고 가장 중요한 것은 바로 목(상권)입니다. 그렇다면 상권 분석을 어떻게 해야 할까요? 사실 첫 장사를 시작하겠다고 마음을 먹고 문을 나서는 순간 막막하

기 그지없습니다. 하지만 걱정 마세요. 의외로 간단한 방법이 있습니다. 우선 작은 매장을 내겠다고 마음먹은 경우 대부분 5,000만~1억 원 사이의 자본금으로 시작할 것입니다. 그렇다면 대부분 동네 상권에서 시작해야겠죠. 동네 상권에서도 소위 '될 만한 목'이라는 것이 있습니다. 그것을 알아보기 위해서는 3가지만 확인하면 됩니다. '노점상+노랑버스+빵집'이죠. 노점상은 바퀴가 달린 작은 매장이기 때문에 장사가 되지 않는 곳에서는 장사할 이유가 없습니다. 만약 노점상이 있는 골목이라면 그곳은 생존이 보장된 곳입니다. 노랑버스란 유치원 버스를 말합니다. 노랑버스가 서는 곳은 그 지역에서 가장 활동적으로 소비하는 여성 집단 즉 30대 초중반 여성들이 모이는 곳입니다.

  빵집은 내가 하고자 하는 업종과 비슷한 업종입니다. 노점상도 있고, 노랑버스도 보이는 골목인데 주변에 빵집이 없는 곳이 있습니다. 이런 동네에서는 카페에서 커피를 마시기보다는 인스턴트 커피를 소비하고 있을 확률이 높습니다. 빵을 돈 주고 사는 사람들은 커피도 돈 주고 사 먹지만, 자기 돈 내고 빵을 사 먹지 않는 분들은 커피도 사 먹지 않죠. 이런 분들은 빵 대신 떡집에서 떡을 해드시는 분들입니다. 한 잔의 커피를 3,000원 이상을 주고 마신다는 것을 이해하지 못하죠. 물론 이런 상권이라도 자리를 잡고 오래 버티면 단골 고객들은 생길 것입니다. 하지만 처음 장사에서 수익이 낮거나 없는 경우 오래 버티기가 힘들기 때문에 처음에는 이런 목(상권)이 아닌 곳을 고르는 것이 좋습니다.

이에 대해 더 자세하게 알고 싶은 분은 제 첫 번째 책인 《나는 스타벅스보다 작은 카페가 좋다》를 참고하시기 바랍니다.

월세 계산법

좋은 동네 상권에 빈 상가가 나왔다면 월세를 알아봅니다. 그리고 해당 상권에서 얼마나 매출을 낼 수 있을지 생각해봅니다. 즉, 월세를 감당할 만큼 상권의 볼륨이 충분한지 살펴보는 것이죠. 볼륨이 충분하지 않거나, 특히 같은 업종을 비슷한 전략으로 들어가는 것은 상도에도 어긋날 뿐 아니라 같이 죽는 경우가 생길 수 있으니 들어가기 전에 심사숙고하시기 바랍니다. (차라리 이 경우라면 기존에 같은 업종을 하던 곳을 인수하는 것이 바람직합니다.) 월세를 3으로 나눠서 그 금액을 하루에 벌 수 있다고 생각하시면 그 자리에 들어가서도 됩니다. 즉, 예를 들어 월세가 100만 원이라면 하루 매출이 최소 33만 원은 나와야 한다는 것이죠. 매출을 예상하는 방법은 근방에 있는 가게를 하나 놓고 들어가는 사람들의 숫자를 세면 됩니다. 그 가게에 들어간 손님의 총 숫자에다 자신이 팔고자 하는 아메리카노 가격을 곱하면 되는 것이죠. 월세 나누기 3은 생존 매출, 월세 나누기 2는 성공 매출이라고 할 수 있습니다.

권리금과 보증금 계산법

권리금은 바닥, 시설, 영업 권리금의 총칭을 말합니다. 바닥 권리 같은 경우 다른 업종이라 해도 요구받는 권리금으로 주변 상가, 특히 슈퍼마켓 주인아저씨에게 물어보는 것이 가장 정확합니다. 시설 권리는 기물을 놓고 가는 조건으로 부르는 것입니다. 필요한 기물일 경우 중고마켓에서 사는 것보다 저렴하다면 그대로 쓰는 것도 괜찮은 방법입니다. 영업 권리는 장사가 너무 잘될 때 받는 프리미엄인데 첫 장사라면 굳이 영업 권리를 주고 들어갈 필요는 없습니다. 전 가게가 잘되었다고 해서 내가 잘될 것이라는 보장이 없기 때문입니다. 배달을 하는 가게일 경우 고객 리스트가 바로 돈이 되기 때문에 영업 권리를 주어야 하지만, 작은 가게는 사람이 바뀌면 장사가 더 잘되기보다는 전보다 매출이 낮아지기 때문에 영업 권리를 달라고 한다면 다른 곳을 알아보는 것이 좋습니다.

권리금 총액이 1년 치 순수익에 가깝거나 그 이상이라면 비싼 것입니다. 모든 것이 다 갖춰진 카페나 매장을 인수한다 해도 간판과 이것저것을 손보면 대략 500~1천만 원 정도가 더 지출된다는 점을 생각해야 합니다. 권리금 산출의 가장 정확한 기준은 '내가 못 받아도 감당할 정도의 금액'입니다. 장사가 잘되어서 건물주가 자신이 장사를 한다고 하거나 혹은 재건축을 하게 될 경우 권리금은 법적 보호가 되지 않아 없어질 수 있는 금액입니다. 권리금과 다르게 보중금은 장사를 접고 나갈 때 받는 돈으로 높을수록 나중에 가게를 옮기거나 다른 시도를 해볼 여력이 되는 종잣돈입니다. 그러니 처음 장사라면 인테리어에 욕심을 내지 말고 차라리 보증금에 돈을 넣어두길 바랍니다. 권리금은 낮을수록 좋고, 보증금은 높을수록 좋습니다.

인테리어 회사 선정법

인테리어 같은 경우 믿을 만한 회사를 만나서 끝까지 거래하는 것이 가장 좋은 방법이겠지만, 정보가 없을 경우 매장과 가까운 회사를 선택하는 것이 여러모로 유리합니다. 우선 같은 동네다 보니 바가지 쓸 우려도 조금 덜 수 있고, 무엇보다 A/S 시 거리가 가깝기 때문에 시간을 절약할 수 있다는 장점도 있습니다. 거리가 멀면 출장비가 수리비용보다 더 들어가는 경우가 있습니다. 이는 인테리어 회사뿐 아니라 머신도 마찬가지입니다. 인테리어 회사와 의사소통을 할 때는 말보다는 이미지를 사용하기를 권합니다. 인테리어 기간 동안 시간은 곧 돈이라는 사실을 염두에 두고, 만약 지금 준비하고 있는 중이라면 내가 원하는 느낌의 인테리어 사진들을 꼭 폴더별로 정리해두길 바랍니다.

만약 나와 신뢰관계가 있는 인테리어 회사가 생겼다면 다른 회사와 거래하는 것이 아니라 지속적으로 그 회사와 거래하는 것이 좋습니다. 매장이 성장해서 2호점이나 3호점을 낼 때에는 인테리어 회사 사장님과 함께 매장을 보러 가는 것도 좋은 방법입니다. 우리가 보지 못하는 부분을 그분들이 볼 수 있어서 권리금 협상 시 유리하게 진행할 수 있기 때문입니다.

처음 레시피 정하는 법

처음 레시피를 정할 때는 실험에 실험을 거쳐야 됩니다. 보통 머신을 설치한 곳에서 커피 원두를 납품하기 때문에 그 원두로 시작하는 경우가 많이 있습니다. 혹은 누군가의 추천으로 다른 원두는 사용해보지도 않고 쓰는 경우도 있죠. 그 원두가 맛있든 아니든 상관없이 이럴 경우 중대한 문제가 생기게 됩니다. 바로 '기준'이 세워지지 않았다는 점이죠. 나만의 기준이 없는 상황에서 고객 중 몇몇이 원두에 대해 좋지 않은 평가를 내리면 마음에 의심이 들기 시작합니다. 그리고 원두를 바꾸는 결정적인 실수를 하게 되죠. 그러면 기존에 오던 손님들마저 잃게 됩니다.

따라서 처음부터 내가 구할 수 있는 모든 원두를 구해 테스트를 해봐야 합니다. 내가 구할 수 있는 원두 중에서 최고의 원두를 골랐다면 그것은 현재 나의 역량으로 구할 수 있는 최고의 원두라는 뜻이 됩니다. 꼭 커피뿐만이 아닙니다. 삼겹살 가게라면 내가 구할 수 있는 최고의 돼지고기를 찾아야 하고, 학원이라면 내가 구할 수 있는 최고의 교재를 찾아야 합니다. 실험에 실험을 거쳐서 스스로 납득할 만한 것을 고객에게 내놓아야 고객도 납득을 합니다.

지금까지 실패를 최소화하는 작은 가게의 창업 노하우였습니다. 장사는 할 때 손실이 나는 것이 아니라 접을 때 손실이 나는 것입니다. 부디 성공적인 창업과 운영이 되길 기원합니다.

30DAY BUILD UP NOTE 2

작은 가게 브랜딩
30 DAY 성장 노트

📝 1일 차. 매뉴얼은 최대가 아닌 최소가 되어야 한다

《도쿄 디즈니랜드 스토리》(한스미디어, 2009) 저자 가미사와 노보루는 매뉴얼에 대해 다음과 같이 말했다.
"우리는 매뉴얼을 바꾼 것이 아니라 매뉴얼을 뛰어넘기를 원했습니다. 매뉴얼이라는 정형화된 서비스 범위에 머무르지 않고 더 높은 수준의 서비스를 실현하기 위해 매뉴얼 외 혹은 매뉴얼 이상의 개선과 개량을 추가했습니다."
실제로 그는 파크 내에서 손님 중 응급환자 발생 시 구조대에 알리기만 하고 환자는 건드리면 안 된다는 미국의 매뉴얼을 개선하여 어떤 직원이든 응급환자를 발견하면 즉시 응급조치를 하라는 지시를 내렸다. 하지만 미국에서 반대했다. 소송이 만연한 미국 사회에서는 응급환자를 발견했을 때 괜히 직원이 조치를 했다가 잘못되면 회사에서 배상을 해야 하기 때문이다.

> 하지만 가미사와 노보루는 일본의 경우 응급환자를 보고 방치하는 것이 더 큰 사회적 비난을 받을 수 있다고 주장했다. 미국과 일본의 주장은 팽팽히 대립했고, 결말이 나지 않을 것 같았다. 이때 가미사와 노보루는 해결안을 생각해냈다. 바로 모든 직원들에게 응급 구호 자격을 따게 하는 것이다. 실제로 일본 디즈니랜드의 직원들은 인공호흡이나 응급조치를 취할 수 있는 자격을 가지고 있다.

→ 매뉴얼의 본질은 고객을 위한 마음에서 시작됩니다. 매뉴얼은 최대가 아닌 최소가 되어야 합니다. 즉, 매뉴얼이란 우리가 고객에게 제공해야 하는 최소의 서비스를 명시한 것입니다. 고객은 감동을 느끼기까지 '납득 → 만족 → 감동'의 단계를 따른다고 합니다. '납득'은 내가 생각한 것에 가까운 경우, '만족'은 내가 생각한 것만큼, '감동'은 내가 생각한 것 이상을 받았을 때 생긴다고 하네요. '우리 서비스를 어떻게 해야 만족을 넘어 감동으로 갈 수 있을까?' 이 질문은 서비스업에 종사하는 분들이라면 평생 안고 가야 할 과제입니다.

2일 차. 성공과 실패는 작은 차이에서 비롯된다

> 아주 작은 차이에서 성공과 실패는 판가름 난다. 작은 차이가 큰 결과를 만들어내는 것이다. 대만 제일 갑부인 왕융칭(王永慶) 포모사 회장의 이야기

가 좋은 사례이다. 왕융칭은 집안이 가난하여 일찍부터 장사를 시작하게 되었다. 그는 고향을 떠나 자이라는 곳에서 쌀가게를 열었는데, 이미 그곳에는 30개가 넘는 쌀가게들이 있어서 경쟁이 매우 치열했다. 밑천이 없던 왕융칭은 골목 외진 곳에 가게를 차린다. 너무 장사가 되지 않아 왕융칭은 직접 쌀자루를 둘러메고 집집마다 찾아다니면서 쌀을 팔아보려고 했지만 효과가 없었다. 다른 가게에 없는 차별화 전략이 필요했다. 그는 깊은 고민 끝에 쌀 속에 있는 돌멩이를 골라내기로 했다. 그 당시에는 추수한 쌀을 모두 길가에 펴놓고 팔았기 때문에 쌀 속에 돌멩이며 모래 같은 것들이 섞일 수밖에 없었다. 모두 그렇게 하고 있었기 때문에 당연시되던 일이었다. 그러나 왕융칭은 두 동생을 동원해 쌀과 섞인 이물질을 모두 골라낸 후에 가게에 내놓고 판매를 시작했다. 다른 가게에서 파는 쌀들과 차별화를 꾀한 것이다. 과연 "왕융칭의 가게에서 파는 쌀은 밥을 지을 때 따로 일이 필요 없다"라는 소문이 입에서 입으로 퍼져 나가면서 손님들이 점점 늘기 시작했고, 자연스럽게 그의 장사도 호황을 누리게 되었다.

→ 다른 가게와 차별화를 꾀하고 싶다면 고객의 불편을 해결해주면 됩니다. 차별화란 경쟁자와는 멀어지되, 고객과는 가까워지는 것이라고 김유진 대표는 말했습니다. 우리는 우리 사업 안에 있는 작은 돌멩이를 볼 수 있어야 합니다. 너무나 당연하게 생각하며 넘기는 문제들을 해결한다면 다른 곳과는 완벽한 차별화를 이룰 수 있습니다.

저희 매장의 돌멩이 중 하나는 '컵'이라고 생각했습니다. 3명이 와서 두 잔을 시킨 경우 대부분의 카페는 그냥 두 잔만 덜렁 나가는 것이죠. 그럼 고객 입장에서는 미안한 마음으로 와서 컵 하나만 더 달라고 요청합니다. 요청을 받아서 나갈 바에 그냥 처음부터 컵 하나를 더 드리자고 정하고 3명에서 두 잔을 시키든 한 잔을 시키든 인원수에 맞게 컵을 내드렸습니다. 그러자 고객들은 참 친절하다고 말하더군요. 물론 아직도 많은 돌멩이가 있을 것입니다. 고객들을 불편하게 만드는 것은 모두 다 돌멩이입니다. 우리 매장에서 고객들을 불편하게 만드는 돌멩이에는 무엇이 있을까요? 그리고 어떻게 하면 그 돌멩이를 뺄 수 있을지 생각해봅시다.

3일 차. 우리 가게의 업, 본질은 뭘까?

삼성의 이건희 회장은 업의 본질을 예리하게 파악하기로 정평이 나 있는 CEO이다. 이건희 회장은 백화점 사업의 본질은 부동산업, 호텔 사업의 본질은 정치산업, 반도체 사업의 본질은 시간산업, 시계는 패션업, 가전은 조립양산 사업이라고 설명했다. 이건희 회장은 사업의 본질을 파악하기 위해 7가지 질문을 던진다고 한다. 다음 7가지 질문에 자신의 업종에 대입하여 답하다 보면 사업의 본질을 깨닫게 될 것이다.

❶ 이 일은 어떻게 생겨났는가?
❷ 이 일의 뿌리는 무엇인가?
❸ 이 일의 핵심 기술은 무엇인가?
❹ 이 일의 핵심 기술은 어디로 가고 있는가?
❺ 이 일에서 경쟁력의 핵심은 무엇인가?

❻ 이 일의 고객은 누구인가?
❼ 고객의 기호는 어디로 가고 있는가?

→ 위의 7가지 질문을 지금 내가 종사하고 있는 업종에 대입해서 생각해보시기 바랍니다. 저는 이렇게 답했습니다.

이 일은 어떻게 생겨났는가?

커피는 이슬람에서 시작되었다. 터키의 이스탄불에서는 종교적인 도구로 커피를 사용했지만 카페문화는 미약했다. 카페는 17세기에 유럽으로 커피와 차가 들어온 후 17세기 중엽에 생겨났다. 세계 최초의 카페는 1686년 프란체스코 프로코피오 코텔리라는 사람이 세운 '카페 르 프로코프'이다. 그는 술집의 대안을 찾던 지식인들이 모일 수 있는 공간을 커피와 함께 제공하였다.

이 일의 뿌리는 무엇인가?

유럽으로 들어온 커피는 사람들을 한곳에 모이게 하였고, 그 장소는 정치, 역사, 예술을 논하는 곳이 되었다. 카페의 뿌리를 찾아보면 그리스시대 아테네 시장을 뜻하는 '아고라'까지 거슬러 간다. 아고라는 시민들이 모여 이야기를 나누고 이웃을 사귀는 장소이다. 즉, 이 일의 뿌리는 사람들이 한데 모여서 이야기를 나누는 공간에서 비롯되었다.

이 일의 핵심 기술은 무엇인가?

이 일의 핵심 기술은 고객 입맛에 맞는 품질 관리와 서비스에 있다. 일정한 커피 맛을 내기 위한 로스팅과 에스프레소 머신을 통한 커피 추출법 그리고 다른 음료들을 만드는 지식과 노하우가 있지만 모든 것을 서비스라는 그릇에 어떻게 담아 고객에게 제공할지가 일의 핵심 기술이다. 또한 카페가 작을수록 고객과 고객, 고객과 매장과의 관계를 어떻게 맺고, 관리할지가 핵심 기술이다.

이 일의 핵심 기술은 어디로 가고 있는가?

이제 누구나 일정하고 높은 품질의 커피를 만들 수 있다. 자동으로 커피를 만드는 로스팅 머신과 에스프레소 머신들이 등장했기 때문이다. 일례로 스타벅스는 기존에 썼던 반자동 머신 라마르조코를 대신하여 전자동 머신인 마스트레나를 쓰기 시작했다. 이는 전 세계 모든 스타벅스의 커피 맛을 통일시키며, 인건비를 절감하기 위한 선택이라고 한다.

이 일에서 경쟁력의 핵심은 무엇인가?

큰 매장에서는 넓고 쾌적한 매장과 접근성(주차장)이 될 것이며, 작은 매장에서는 재미와 감동(관계 및 소속감) 그리고 얼마나 유니크한지가 핵심 경쟁력이다.

이 일의 고객은 누구인가?

커피를 즐겨 마시는 사람들이다. 내가 속한 지역사회 구성원들이 우리의 고객들이 된다.

고객의 기호는 어디로 가고 있는가?

고객들의 기호는 더욱 맛있고, 신선하며, 질 높은 커피로 옮겨가고 있다. 또한 매장뿐만 아니라 자신의 집에서 커피를 만들고 마시는 사람들도 늘어나고 있다. 쾌적한 공간이 아닌 작은 카페에서 찾는 이들의 기호는 음료뿐만이 아니라 자신을 알아주고 반겨주는 바리스타들에게 느끼는 '소속감'도 포함이 된다.

4일 차. 디자인은 디자이너에게

존 헤스켓은 디자인에 대해 다음과 같이 정의했다.
"디자인이란 본질적으로 우리의 필요에 걸맞고, 우리 생활에 의미를 부여하

> 기 위해 주변 환경을 만들고 꾸미려는 인간의 본성으로 규정될 수 있다."
> 뉴욕 쿠퍼휴이트 디자인 박물관 관장인 폴 톰슨은 "제조업체는 더 이상 가격구조나 임금 비용 면에서 극동아시아와 경쟁할 수 없다는 사실을 깨달았다. 그렇다면 어떻게 경쟁할 것인가? 해답은 디자인에 있다."
> 또한 소니의 전 회장인 오가 노리오도 디자인에 대해서 다음과 같이 말했다. "시장에서 다른 제품들과 차별화할 수 있는 요소는 오로지 디자인뿐이다." 런던 경영대학원의 연구에 따르면 기업이 제품 디자인에 1%씩 투자를 늘릴 때마다 매출과 수익이 평균 3%씩 늘어났다고 한다. BMW의 크리스 뱅글은 다음과 같이 말했다. "우리는 자동차를 만든다고 생각하지 않는다. 우리는 움직이는 예술작품을 만들고 있다."

→ 가게를 창업하시는 분들에게 제가 꼭 드리는 조언 중 하나가 로고 작업입니다. 디자인까지는 아니더라도 가게의 로고만은 제발 제작하고, 홀더는 기성품이 아닌 소량이라도 제작해 쓰라고 누누이 말하곤 합니다. 디자인의 힘을 알 수 있는 가게 하나 소개시켜 드리겠습니다. 바로 이태원에 있는 카페 '테이크 아웃 드로잉'입니다. (가수 싸이와 재건축 문제로 법적 분쟁까지 생겼던 가게이기도 하죠. 2016년 8월 31일자로 한남동점은 영업 종료. 이태원 2동에 있는 곳은 영업 중.) 이 가게에 가면 디자인의 극치를 볼 수 있습니다. 메뉴판 대시 메뉴가 실린 신문이 있고, 메뉴들 자체도 정말 독특하게 나오곤 합니다. 트레이드마크인 '빙산 마끼아또'부터 '폴의 머랭공장' 그리고 '진달래 에이드' 등 메뉴에 어떻게 이런 디자인을 입혔을까하는 생각이 드는 곳이기도 합니

다. 저 또한 필요한 디자인이 있으면 친구의 도움을 받으면서 일을 진행하고 있습니다. 주변에 디자인업을 하고 있는 친구들이 있으면 제휴 형태로 진행을 하시는 것이 큰 도움이 될 것입니다. 디자인은 디자이너들에게~!

📝 5일 차. 해야 할 목록과 하지 말아야 할 목록

> 《좋은 기업을 넘어 위대한 기업으로》(김영사, 2002)의 짐 콜린스에 따르면 높은 업무 실적은 '무엇을 해야 하는지'가 아니라 '무엇을 하지 말아야 하는지' 결정하는 것에 달려 있다고 한다. 그에 따르면 '해야 할 목록'을 만들 때, '하지 말아야 할 목록'도 같이 만들어야 한다. 하지 말아야 할 목록에는 우리가 앞으로 나가지 못하게 이끄는 행동과 태도, 열정을 약화시키는 원인, 집중을 방해하는 요소 등이 속한다. 그는 집중을 방해하는 모든 요소를 찾아 제거하라고 당부한다. 또한 그는 "무엇을 하지 말아야 할지 결정하는 일은 무엇을 할지 결정하는 일보다 더 중요하다"라고 주장한다. 위대한 예술작품을 예로 든다.
> "위대한 예술작품은 마지막 부분에 무엇을 넣느냐 못지않게 무엇을 넣지 않느냐에 의해서 탄생한다. 어울리지 않는 것은 버려야 한다. 며칠, 심지어 몇 년의 노력이 들어갔다 해도 말이다. 그래야 진정으로 위대한 예술가가 될 수 있으며, 이상적인 그림, 교향곡, 소설, 기업 그리고 인생을 만들 수 있다."

→ 어떤 카페에서 장사가 안 되자 맥주를 함께 팔기 시작했습니다. 그러자 맥주를 마시는 손님들이 찾아왔고, 그들의 요구로 인해 피자와 떡볶이를 하기 시작했습니다. 음식 냄새 때문

에 커피를 마시러 오던 손님들마저 다 떠났습니다. 맥주를 마시는 사람들은 어떻게 되었느냐고요? 몇 번만 오고 발길을 끊기 시작했습니다. 왜냐하면 맥주전문점의 맥주가 더 맛있고, 분위기도 날 뿐 아니라 안주의 종류와 완성도에서도 많은 차이가 나기 때문이었죠. 결국 그 가게는 문을 닫아야 했습니다. 브랜드를 만들어나갈 때에는 무엇을 할지보다 무엇을 하지 말아야 되느냐가 훨씬 중요합니다. 타협할 수 없는 것들이 있게 마련이죠. 새로운 것을 하고 싶다면 차라리 새로운 브랜드를 만드는 것이 현명합니다.

6일 차. 일하지 않아도 수입이 들어오는 방법이 있을까?

《부자 아빠 가난한 아빠》를 쓴 로버트 기요사키는 기회를 만드는 방법을 다음과 같이 말하고 있다.

❶ 급여의 필요성을 잊고(무보수라고 하더라도) 일을 시작한다.
❷ 계속 어떻게 하면 더 잘할 수 있을까 궁리를 하면서 일한다.
❸ 일 가운데 지속적으로 기회를 찾는다.

부자 아빠와 가난한 아빠는 문제에 접근하는 방법이 180도 다르다. 가난한 아빠는 아들이 어떤 물건이 갖고 싶다고 하면 "우리에게는 그것을 살 여유가 없단다"라고 말을 한 반면 부자 아빠는 "어떻게 하면 네가 그것을 살 수

> 있을까?"라고 말한다. 로버트 기요사키는 돈이 문제를 해결하는 것이 아니라 지식이 문제를 해결하며, 지식이 돈을 만든다고 한다. 그는 강조한다.
> "실패를 피하는 사람은 성공도 피한다. 현실 세계에서는 똑똑한 사람보다 용감한 사람이 앞서간다."

→ 로버트 기요사키는 부를 만드는 것은 '금융 지식'이라고 말합니다. 우리는 흔히 돈이 있어야 돈을 벌 수 있다고 생각하는데, 로버트 기요사키는 틀렸다고 말합니다. 그는 부자들과 부자가 아닌 사람들에 대한 차이점을 수입의 속성에서 찾았습니다. 수입에는 두 종류가 있습니다. 하나는 내가 일해야만 내 통장으로 들어오는 그냥 '수입', 다른 하나는 내가 일하지 않더라도 내 통장으로 들어오는 '자산 수입'입니다. 대표적인 자산 수입에는 임대료, 인세, 배당금 등이 있습니다. 부자들은 이런 자산 수입에 관심이 있고, 부자가 아닌 사람들은 그냥 수입에만 관심이 있다고 합니다. 그렇다면 우리는 어떻게 해야 자산 수입을 만들 수 있을까요? 현재 내가 일하고 있는 일에서 어떻게 해야 내가 일하지 않아도 나에게 수입이 들어올 수 있도록 만들 수 있을까요? 이 질문은 정말 중요한 질문입니다. 곰곰이 생각해보고 계획을 세워보시기 바랍니다.

7일 차. 강철왕 카네기가 말하는 부자가 되는 방법

❶ 원하는 돈의 액수를 종이에 명확하게 정한다.
❷ 그 돈을 얻기 위해 나는 무엇을 할 것인지를 결정한다.
❸ 그 돈이 내 손에 들어오는 희망 날짜를 정한다.
❹ 그 돈을 받기 위해 상세한 계획을 세우고 즉시 행동한다.
❺ 위의 4가지 원칙을 종이에 적는다.
❻ 종이에 적은 것을 매일 두 번, 아침과 자기 전에 확신을 가지고 읽는다.

빈손으로 시작해서 큰 부를 일궈낸 앤드류 카네기가 부자가 되는 방법을 위와 같이 소개하자 사람들은 믿지 않고 비아냥거렸다고 한다. 다만 카네기 주변의 몇 명만이 카네기가 알려준 법칙을 사용했을 뿐이다. 앤드류 카네기는 자신의 말에 확신을 가지고 있었고, 결국 한 청년이 자신에게 인터뷰를 하러 왔을 때 법칙을 실제로 실행하였는지 증명해 달라 말했다. 그 청년의 이름은 바로 나폴레온 힐이었다. 그리고 카네기가 알려준 대로 실행한 사람들은 후일 모두 부자가 되었다.

→ 저도 종이에 비전선언문을 적어놓고 매일 아침과 자기 전에 읽으려고 노력하고 있습니다. 하지만 매일 읽기는 생각보다 어렵습니다. 아침에 일어나 내가 가고자 하는 방향을 한 번 더 보고, 스스로에게 말해주는 것만으로도 이 행위에는 의미가 있습니다. 목적지에 가기 위해서는 내비게이션의 음성을 수시로 들어야 합니다. 항해와 표류의 차이는 목표가 있고 없음의

차이에서 비롯됩니다.

8일 차. 사랑하는 일을 시작하는 용기

《그대, 스스로를 고용하라》(김영사, 2005)에서 구본형 작가는 직업을 4단계로 나눠서 구별했다.
1단계는 자신이 그 일을 좋아하면서 많은 돈과 명예를 가지게 되는 일이다.
2단계는 자신이 그 일을 좋아는 하지만 적은 돈을 받는 상태이다.
3단계는 자신이 그 일을 좋아하지는 않지만 많은 돈과 명예는 가진 상태이다.
4단계는 자신이 싫어하는 일을 하면서 적은 돈을 받는 상태이다.
구본형 작가에 따르면 사람들은 4단계의 삶을 살고 있으며, 4단계의 경우 시간이 지나면 3단계까지 올라갈 수는 있지만 위로는 올라갈 수 없다고 한다. 가장 이상적인 것은 1단계의 삶을 사는 것이다. 하지만 대부분의 1단계는 필수적으로 2단계를 거쳐야 한다. 즉, 자신이 사랑하는 일을 먼저 시작하라는 이야기이다. 구본형 작가는 자신의 저서에서 '실패한 사람'에 대해 다음과 같이 정의했다.
"실패한 사람이란 자신의 인생에서 주제를 갖지 못한 사람이다. 반면 성공한 사람들은 모두 자기 인생의 주제에 대해 약간씩 미쳐 있다. 미쳐 있다는 것, 뜨겁다는 것! 그것이 모든 성공한 자의 공통점이다."

→ 미치지 않으면 미치지 못한다고 합니다. 하고 싶은 일을 하기에는 현실이 녹록지 않은 것도 사실입니다. 하지만 그것만으로 내 삶을 변명할 수는 없습니다. 정말 하고 싶은 일이 있다면 환경을 바꾸고, 모험을 감행해야 합니다. 오프라 윈프리는

방송이 너무 하고 싶었습니다. 하지만 애송이 MC의 월급으로는 생활조차 되지 않았습니다. 그래서 오프라 윈프리는 레스토랑에서 종업원 생활을 하면서 생활비를 법니다. 지금 당장 내가 좋아하는 일이 돈을 벌어다 주지는 않을 것입니다. 하지만 그 일을 3년, 5년 하다 보면 분명 돈을 벌 수 있는 구간이 옵니다. 돈을 보고 시작하지 말고, 내가 정말 좋아할 수 있는 일을 시작하시기 바랍니다. 평일에 회사를 다니고 있다면 주말에는 내가 좋아하는 일에 도전하시기 바랍니다. 할 수 없다가 아니라 어떻게 하면 내가 할 수 있을지 고민하면서 한 걸음씩 꿈으로 나아가시길.

9일 차. 정상으로 가는 길

세계적인 동기부여 강사이자 베스트셀러 작가인 브라이언 트레이시는 자신의 저서 《백만불짜리 습관》(용오름, 2005)에서 정상으로 가는 길을 소개한다. 그에 따르면 어느 누구든 5년에서 7년 동안의 집중 노력 구간을 거쳐야 한다고 한다. 집중 노력 구간이란 어떤 일이든 5~7년간 집중적이고 단호한 노력으로 시간을 뚫고 나가는 것이며, 이 구간이 끝나고 나서야 정상에 설 수 있다고 한다. 그는 정상으로 가는 길에 지름길은 없다고 단호히 말한다. 또한 그는 정상으로 가기 위해 '성공 습관'을 체득해야 한다고 주장한다. 자신의 삶을 변화시키기 위해서 새로운 습관을 형성하기 위해서는 다음과 같은 7가지 행동을 소개한다.

❶ 결심　　　　　　　❷ 예외를 인정하지 않기
❸ 다른 사람에게 말하기　❹ 새로운 자신을 시각화하기
❺ 확언하기　　　　　❻ 굳은 결심으로 밀어붙이기
❼ 자신에게 보상해주기

→ 성공은 습관에서 비롯된다고 합니다. 브라이언 트레이시는 백만 달러를 버는 것보다 백만 달러를 벌 수 있는 습관이 더 중요하고 말합니다. 그래서일까요? 복권으로 대박이 난 사람들을 조사해보면 그 부를 채 10년도 유지하지 못한다고 합니다. 스티븐 기즈는 《습관의 재발견》(비즈니스북스, 2014)에서 자신의 인생이 팔굽혀펴기 한 개를 매일 꾸준히 하면서 변화되기 시작했다고 말하고 있습니다. 그러면서 그는 아주 작은 습관을 만들고 그것을 매일 함으로써 성공 습관을 쌓으라고 조언합니다. 예를 들어 '운동하겠다'라는 목표는 좋지만 보통 3일을 못하고 포기를 해버리는 반면 매일 '팔굽혀펴기 1번을 하겠다'라는 목표는 꾸준히 할 수 있다는 것이죠. 그는 습관을 처음 만들 때는 너무 사소하고 쉬워서 민망할 정도의 습관부터 시작하라고 말합니다. 어떤 습관을 만들고 싶으신가요? 그 습관을 쪼개고 쪼개서 너무 사소하고 쉽게 보일 정도로 만들어봅시다. 그리고 오늘부터 실행해봅시다. 그러면 아주 조금씩 인생

이 바뀌기 시작할 거예요.

10일 차. 10년 후 성공이 보장되어 있다면?

천재들의 탄생에 대해 대니얼 코일은 다음과 같은 질문을 던졌다. '천재들은 과연 선천적으로 태어나는 것인가? 아니면 후천적 노력을 통해 만들어지는 것인가?' 그는 이 질문의 해답을 찾기 위해 세계 각국을 돌아다녔다. 그는 해답이 담긴 《탤런트 코드》를 통해 천재는 만들어지는 것이라고 말한다. 재능은 선천적인 것이 아니라 후천적인 노력에 의해 개발되는데, 이를 위해 다음과 같은 3가지가 충족되어야 한다. 바로 심층 연습과 점화 그리고 마스터 코치이다. 심층 연습이란 정확한 목적에 맞게 아주 천천히 실수를 허용하여 얻는 것이며, 점화는 어느 순간 열정에 불타오르는 것을 말하며, 마스터 코치는 사랑을 가지고 개인에 맞춰서 가르칠 수 있는 스승을 말한다. 그는 모든 사람이 천재적인 재능과 잠재력을 가지고 있다고 한다. 다만 개발하고 있지 않기 때문에 평범한 삶을 살고 있다는 것이 그가 얻어낸 해답이었다.

→ 야구선수는 어떻게 엄청난 속도로 날아오는 야구공을 치고, 피아니스트는 어떻게 복잡한 악보를 연주할 수 있을까요? 우리 행동을 제어하는 것은 시냅스 사이로 흐르는 전기신호입니다. 눈으로 본 것을 뇌에서 판단해서 각각 손과 발로 '전기 신호'를 보내는 것이죠. 재미있는 것은 이 신호가 흐르는 전선과 같은 부분인 '미엘린'입니다. 미엘린은 어떤 행위를 반복할수록 점점 두꺼워지는데 메일린이 두꺼워질수록 전기신호는 더

강력하고 정확하게 도달한다고 합니다. 대니얼 코일은 천재의 비밀을 이 미엘린에서 발견하게 된 것이죠. 이처럼 우리 안에는 아직 개발되지 않은 '천재성'이 많습니다. 어떤 일이든 처음부터 너무 잘하려 하기보다는 10년을 바라보고 실수를 용납하는 자세가 필요합니다. 지금부터 시작해서 10년 후 성공이 보장되어 있다면, 어떤 일을 하고 싶으신가요?

11일 차. 품질을 높이는 작은 질문

로렌조 잠브라노는 1985년 세멕스에 CEO로 취임했다. 그는 전 사원에게 'Why'라는 질문을 끊임없이 던지게 했다. 그가 중점적으로 던진 질문의 영역은 품질, 배송, 고객 서비스의 3가지 영역이었다고 한다. 그는 직원들에게 다음과 같은 질문을 끊임없이 던지고 각각 최소 5가지 이상의 답변을 할 수 있도록 훈련시켰다.

- 왜? 품질을 더 개선할 수 없는가?
- 왜? 더 신속하게 배송할 수 없는가?
- 왜? 더 나은 고객 서비스를 제공할 수 없는가?

→ 위대한 Why를 던진 사람들은 세상을 바꾸기도 했습니다. 문제의 본질을 해결하고 싶다면 5Why기법을 활용하면 도움이 된다고 합니다. '5Why기법'이란 다섯 번의 깊은 질문을 던져

문제의 원인을 찾아내는 것을 말합니다. 7단계 프로세스는 다음과 같습니다.

- 1단계 문제 선정: 수많은 문제 중 우리가 집중해서 해결해야 될 문제를 찾는다.
- 2단계 문제 정의: 찾은 문제를 정확하게 정의한다. 문제는 구체적이고 작은 범위로 정의 내린다.
- 3단계 5Why: Why를 다섯 번 던지면서 대책을 찾아낸다. 5번의 질문을 던지면서 그 문제가 발생한 근본적인 원인을 찾아낸다.
- 4단계 대책 실행: 그렇게 해서 찾아낸 문제를 모두에게 공유하고 실행한다.
- 5단계 효과 분석: 대책을 실행한 후 피드백을 통해 효과를 분석한다.
- 6단계 표준화 작업: 문제 해결 방안을 통해 문제가 해결되었다면 다음에 동일한 문제가 발생하지 않도록 표준화 작업(매뉴얼 작업)을 한다.
- 7단계 확인과 관리: 새롭게 개발된 방안이 적용되고 있는지 확인한다.

지금 우리 매장의 품질을 높이기 위해서는 어떻게 해야 할지 생각해보세요.

12일 차. 일은 준비가 9할이다

《손자병법》에서 손자는 다음과 같이 말한다. "먼저 적장에 가서 적의 습격을 기다리는 군대는 편안하다. 반면 나중에 도착해서 싸움에 쫓기는 군대는 힘들다." 또한 공자는 다음과 같이 말했다. "일생의 계획은 젊은 시절에 달려 있고, 1년의 계획은 봄에 있고, 하루의 계획은 아침에 달려 있다. 젊어서 배우지 않으면 늙어서 아는 것이 없고, 봄에 밭을 갈지 않으면 가을에 바랄 것이 없으며, 아침에 일어나지 않으면 아무것도 한 일이 없게 된다."

→ 레스토랑에서 종업원이 고객에게 식사를 제공하기 위해 완벽하게 준비를 갖춘 상태를 미즈 앙 플라스(mise en place)라고 합니다. 일은 준비가 9할이라는 소리도 있습니다. 사업을 하기 위해서 그리고 사업을 더욱 성장시키기 위해서 우리는 어떤 준비를 해야 할까요?

13일 차. 신규 고객 유치의 함정

> 필립 코틀러에 의하면 기업 마케팅 예산의 70%가 신규 고객을 획득하기 위해 책정된다고 한다. 대부분의 기업에서 연간 고객 이탈률이 10~30%이므로 이 매출을 메우기 위해 더 많은 신규 고객을 확보하려고 하기 때문이다. 이때 기업은 신규 고객 유치만을 생각하며 기존 고객들을 소홀하게 대하게 된다. 그럼 더 많은 고객들이 이탈을 하고, 기업은 그만큼 신규 고객 확보를 위해 예산을 더 지출을 해야 한다.

→ 항상 중요한 것은 기존 사람들입니다. 고객도 그렇고 직원도 그렇습니다. 새로운 손님과 단골손님이 같이 왔다면 우리는 단골손님에게 더 집중해야 합니다. 새로운 손님이 서운해서 떠나면 어떻게 하냐고요? 걱정하지 마세요. 아직 새로운 손님은 우리에게 큰 기대를 하고 있지 않기 때문에 서운해할 것도 없으니까요. 혹시 새로운 손님에게만 적용되는 불공평한 서비스가 있다면 중단하고, 기존 고객들에게 더 많은 것을 돌려줄 생각을 해야 합니다. 어떻게 하면 기존 고객들에게 더 많은 혜택을 돌려줄 수 있을까요? 아니면 적어도 그런 생각이 들 수 있도록 할 수 있을까요? 저희 허밍 같은 경우 '명예의 전당'과 '로열패밀리'라는 칭호와 함께 더 많은 혜택을 직접 드리고 있습니다. 기존 고객에게 더 많은 혜택을 돌려주고 싶다면 우선

기존 고객이 누구인지 파악하는 것이 급선무입니다. 우리 매장의 기존 고객은 누구이며, 그들에게 우리는 무엇을 해줄 수 있는지 적어봅시다.

14일 차. 얄미운 고객들에게 대처하는 방법

로버트 카플란과 스티븐 앤더슨은 다음과 같은 법칙을 발표했다.

❶ 수익성이 상당히 좋은 20%의 고객은 기업에게 150~300%의 이익을 주고 있다.
❷ 대부분의 70%의 일반 고객은 브레이크 이븐(수지가 거의 0인 상태)이다.
❸ 수익성이 낮은 10%의 고객 때문에 기업은 50~200%의 손실이 난다.

미국 유나이티드 항공에 따르면 1등석 및 비즈니스 석의 고객 수는 전체 고객의 8%에 불과하지만 그로부터 얻는 수입은 36%나 된다고 한다. 맥도널드 매장에 오는 고객 중 '헤비유저'라 불리는 고객들은 주 1회 맥도널드 매장을 찾는다. 또한 약 22%의 고객은 '슈퍼 헤비 유저'로 불리며 월 10회 이상 맥도널드에서 식사를 한다고 한다. 이 '슈퍼 헤비 유저'는 맥도널드에서 매출의 75%를 차지한다. 맥도널드는 22%의 단골들이 75%의 매출을 올려주고 있는 셈이다.
반면 수익성이 낮고 기업에게 손실을 주는 고객들이 있다. 미국 3위의 이동통신사 스프린트 넥스텔은 2007년 6월 29일 1,000명의 고객과 관계를 끊었다. 스프린트 넥스텔에 따르면 해당 고객들은 고객 서비스 센터에 한 달 평균 40~50회나 전화를 걸어온 사람들이라고 한다. 비정상적일 만큼 서비스를 요구하던 고객들인 것이다.

→ 어디에나 고마운 고객과 얄미운 고객이 있게 마련입니다. 얄미운 고객에게 어떻게 대처해야 할까요? 여기서 중요한 개념 한 가지를 소개해드리자면 고객을 왕이 아닌 친한 친구로 생각해보라는 것입니다. 이성적으로 생각할 때는 정말 어이없는 일을 하더라도 친한 친구라면 어느 정도까지는 넘어갈 수 있잖아요. 또 한 가지 팁을 드리자면 무리한 요구를 거절할 땐 항상 말투에 신경을 써야 합니다. 말투는 온유하게 표정은 웃으면서 그리고 항상 말머리 앞에 이 표현을 쓰시면 좋습니다. "고객님, 정말 해드리고 싶지만 저희 매장의 업무 규정상 힘들 것 같습니다." 혹은 "고객님, 정말 해드리고 싶지만 저에게 권한이 없네요"라고 말씀을 드리면 되는 것이죠.

고객에게 난감한 요구를 받은 점들을 기록해보고, 그럴 경우 어떻게 처리하는 것이 가장 현명한지 행동요령을 정해봅시다. 직원(팀원)들과 같이 일한다면 그 사례를 공유하고 서로 가장 좋은 방법을 찾아봅시다.

15일 차. 고객의 마음을 얻고 싶다면 먼저 직원들의 마음을 얻어라

> 린나이코리아는 1987년 '린나이 어린이집'을 설립했다. 아침에 직원들이 아이들 데리고 회사에 나와 퇴근할 때 집에 데리고 가도록 하는 것이 이 회사의 방침이다. 국내 최초 직장 내 보육시설을 만든 것이다. 어린이집에 들어가는 모든 비용은 회사가 지불한다. 이런 정책으로 린나이코리아는 우수한 여성 직원들과 지속적으로 함께할 수 있었다. 그 결과 가스오븐레인지 2,000만 대를 판매하는 놀라운 성과를 내며 회사는 지속적으로 성장할 수 있었다.

→ 충성스러운 직원 없이 충성스러운 고객을 얻을 수 없다고 합니다. 회사가 아무리 좋은 의도와 철학을 가졌다 하더라도 고객들은 오직 직원을 통해 느낄 수 있습니다. 새벽 도시락 아르바이트를 한 적이 있습니다. 새벽 5시부터 8시까지 세 시간 동안 도시락에 반찬을 담는 작업을 했죠. 그때 도시락업체 사장님께서 이런 말씀을 하셨습니다. "아무리 반찬을 맛있게 잘 만들어도 모양이 빠지게 담아버리면 맛이 없어 보인다. 그리고 머리카락처럼 아주 작고 사소한 것이 반찬에 들어가게 되면 그때까지 우리가 했던 모든 노력들은 허사가 된다." 다른 가게도 같습니다. 아무리 음식을 맛있게 만들어도, 서빙을 하는 아르바이트생이 퉁명스럽다면 모든 노력이 허사가 되는 법입니

다. 고객들의 마음을 얻고 싶다면 먼저 직원들의 마음을 얻어야 하는 법입니다.

📝 16일 차. 이길 수 있는 상권은 발품을 팔아야만 잡을 수 있다

> 마케팅 4P란 잠재적 수요가 많은 제품(Product)을 만든 뒤, 소비자가 납득할 만한 가격(Price)을 붙여, 찾아오기 쉬운 장소(Place)에서, 효과적인 판촉(Promotion) 수단을 동원해 파는 것이다.

→ 자영업에서 가장 중요한 것은 역시 목(상권)입니다. 될 만한 곳에서 시작하는 것이 대부분의 승패를 좌우하죠. 마케팅의 시작은 기획 단계에서 시작된다고 합니다. 고객의 니즈와 원츠를 파악하고, 그들의 요구와 욕구를 파악한 후 팔릴 만한 제품을 만들어야 합니다. 창업도 이와 같습니다. 우리 동네 사람들에게 필요한 업종이 무엇일까를 먼저 생각합니다. 반대로 내가 하고자 하는 업종이 미리 정해져 있다면 '이 업종을 필요로 하는 동네는 어디일까?'라는 질문을 던지고 목을 찾으러 다녀야 합니다. 이런 분석 없이 그냥 빈 상가에 월세 싸고, 바닥 권리금도 없다는 이유로 시작해버리면 처음부터 어려워질 것입니다. 즉, 잘될 만한 곳에서, 잘될 만한 것을, 잘되게 만들어야

합니다. 중요성에 따라 '곳(장소)→것(업종, 상품)→끔(프로모션)' 순서를 따라야 합니다. 《손자병법》에서는 전쟁을 할 때 이미 이기고 시작하는 것이 중요하다고 말하고 있습니다. 이길 수 있는 곳을 찾는 방법은 오직 발품을 파는 것밖에 없다는 사실을 말씀드리고 싶습니다.

📝 17일 차. 일을 시키기 전에 일을 잘하는 방법과 원리를 먼저 가르쳐라

다음은 이랜드 기업의 책상 정리방법 매뉴얼입니다.

❶ 우선 책상 앞에 앉았을 때를 기준으로 자신의 몸 오른쪽 앞부분인 책상 앞쪽 우측은 항상 비워둔다. 이 자리에는 수첩이나 업무 지침, 급한 서류 등 당장 봐야 할 것들을 펼칠 자리이다.

❷ 책상 앞쪽 좌측은 오늘 하루 일과가 진행되는 동안 지속적으로 쓸 물건을 놓는다. 하루 일과가 끝나면 왼쪽 앞쪽에 놓인 물건들을 다시 제자리에 가져다 놓는다. 자리에 물건이 쌓이지 않도록 주의한다.

❸ 책상 뒤쪽 좌측 구석에는 이미 사용한 물건이나 자료, 일주일 내에 다시 꺼낼 가능성이 있는 물건들을 놓는다.

❹ 책상 뒤쪽 우측에는 최소 일주일에 한 번씩은 주기적으로 쓰거나 꺼내 보는 물건과 자료를 놓는다. 만약 일주일 동안 사용하지 않은 물건이나 재료가 있다면 별도 캐비닛이나 책장 등으로 옮겨놓는다.

❺ 책상 서랍에 크기가 작은 물건은 위쪽에, 큰 물건은 아래쪽 서랍에 보관하면 업무 능률이 올라간다.

❻ 책상 정리 정돈의 주기는 한 달을 넘기지 말아야 한다.

→ 남다른 기업은 책상 정리도 시스템으로 만드나 봅니다. 우리가 무심코 하는 일들을 조금 더 빠르고 체계적으로 만들어 시스템으로 만들 수 있다면 높은 성과가 날 것입니다. 책상 정리법처럼 주방 정리법, 화장실 청소법, 매장 정리정돈법, 설거지하는 법 등 우리가 만들 수 있는 시스템은 무궁무진합니다. 높은 성과를 원한다면 '알아서 하겠지'라는 게으른 마음을 버리고 '잘하는 방법과 원리를 가르쳐줘야지'로 생각을 전환할 필요가 있습니다.

18일 차. 창업 전 실패가 걱정된다면

1994년 미국 심리학자 길로비치와 메드벡이 실시한 후회의 심리학에서 내린 결론은 다음과 같다. "사람이 자신의 삶을 되돌아볼 때 가장 큰 후회를 일으키는 것은 그들이 하지 않은 일들이다. 처음에는 어떤 행동이 문제를 일으키는 것처럼 보일지 몰라도 장기적으로 볼 때 가장 큰 후회를 남기는 것은 오히려 하지 않은 행동들이다."
죽기 전 가장 많이 후회하는 것들은 다음과 같다고 한다.

❶ 더 행복해질 수 있었는데 그러지 못했다.

❷ 친구들과 자주 연락하며 살았어야 했다.
❸ 나의 감정을 솔직하게 표현할 용기가 있었어야 했다.
❹ 그렇게 열심히 일할 필요가 없었다.
❺ 다른 사람의 기대에 부응하는 것이 아니라 솔직하게 나만을 위한 삶을 살았어야 했다.

→ 창업을 생각하다 보면 여러 가지 도전을 해보고 싶습니다. 할 수 있다면 모두 시도해보기를 권합니다. 물론 망할 수도 있겠지요. 망하더라도 그 구간을 견딜 자신이 있다면 도전해보는 것이 맞습니다. 영화 〈아이언맨〉의 모티프가 된 사람이자 '페이팔'을 설립해서 억만장자의 반열에 오른 일론 머스크는 어릴 적부터 창업을 하는 것이 꿈이었다고 합니다. 하지만 창업에서 실패했을 때의 가난이 걱정되어서 창업을 주저하고 있었습니다. 그는 자신이 그런 실패를 견딜 수 있는 사람인지 궁금해 한 가지 도전을 해보기로 했습니다. 바로 1달러 프로젝트였습니다. 1달러 프로젝트는 하루에 1달러만으로 30일을 살아보는 것이죠. 그는 냉동 소시지와 오렌지 주스를 마시며 30달러로 30일을 살아가는 데 성공하게 됩니다. 그 30일이라는 시간 동안 그가 내린 결론은 생각보다 할 만하다는 것이었습니다. 그는 1달러 프로젝트 후 창업에 뛰어들었고 인터넷 결제 회사인 페이팔을 설립해 그를 매각한 후 큰 돈을 벌게 됩니다. 그는 현재 전기자동차 산업의 선두주

자인 테슬라모터스와 우주 탐험을 준비하는 스페이스엑스의 대표가 되었습니다. 만약 언젠가 창업을 생각하고 있다면 그 언젠가에 대한 날짜를 정하시길 바랍니다. 그리고 내 최소 생활비는 얼마이며, 언제까지 그런 생활할 수 있는지 엘론 머스크처럼 도전해보는 것도 나쁘지는 않을 것 같습니다.

19일 차. 주력 제품을 만드는 방법

> 스티브 잡스는 1997년 회사에 복귀한 이후 2년 동안 애플에서 생산하는 제품의 가짓수를 350개에서 10개로 대폭 줄였다. 그가 생각하는 집중이란 무엇을 해야 할 것인지가 아닌 무엇을 하지 말아야 할지를 정하는 것이었다. 그는 1997년 맥월드 개발자 콘퍼런스에서 다음과 같이 설명했다. "집중에 대해 생각할 때면 '집중이란 예라고 말하는 거야'라고 생각하기 쉽다. 하지만 그것은 틀렸다. 집중이란 '아니요'라고 말하는 것이다."

→ 채움보다 비움이 더 어렵습니다. 하지만 채움이 있어야 비움도 있습니다. 우선 어느 영역까지는 채우고 나서 비워야 합니다. 기업에서 제품수를 줄인다는 것은 마치 가게에서 메뉴를 줄이는 것처럼 대단한 모험입니다. 물론 가짓수가 많다고 매출이 오르지는 않습니다. 오히려 너무 많은 메뉴는 매출에 좋지 않습니다.

지금 우리가 팔고 있는 제품을 다 적어보고, 마지막 하나가 남을 때까지 하나씩 지워봅시다. 가장 마지막에 남는 제품이 가장 중요한 제품일 것입니다. 그 제품을 중심으로 양 옆에 보조할 수 있는 제품을 두 개 선택해봅시다. 그렇게 선택된 세 개의 제품이 바로 주력제품이 됩니다.

20일 차. 바쁘게 하루를 보낸다고 성공이 보장되지는 않는다

> 미국의 사상가 헨리 데이비드 소로는 이렇게 말했다. "바쁘게 움직이는 것만으로는 부족하다. 개미들도 늘 바쁘지 않은가. 정말 중요한 것은 무엇 때문에 바쁘게 움직이는가이다."

→ 처음 내 가게를 오픈하면 정말 바쁩니다. 하루 종일 정신이 없죠. 하지만 정신없이 바쁘게 하루하루를 보낸다고 해서 성공이 보장되지는 않습니다. 문제는 무엇을 위한 바쁨이냐는 것이죠. 너무 바쁘다면 잠시 멈추고 뒤돌아봐야 합니다. 나무꾼이 나무를 더 잘하기 위해 일하는 중간 쉬면서 도끼날을 갈듯이 말이죠. 왜 바쁜 걸까요? 내가 바쁘게 일하는 이 일이 과연 내가 원하는 지점에 나를 데려다줄까요? 만약 그렇지 않다면 어떻게 해야 이 분주함을 내려놓을 수 있을까요?

21일 차. 고무신을 팔 때도 마케팅이 필요하다

1923년 조선 최고의 고무신은 대륙고무 고무신과 경성고무의 '만월표 고무신'이었다. 후발 주자로 출발한 중앙상공의 김연수는 고무신의 품질로 승부수를 띄웠다. 고무신을 더욱 질기게 만들어서 출시함과 동시에 '품질보증 6개월'이라는 당시에는 파격적인 마케팅을 실시했다. 김연수의 이 전략은 엄청난 반응을 불러일으켰다. 결국 김연수의 '별표 고무신'은 대륙고무의 고무신과 경성 '만월표 고무신'을 누르고 조선의 국민 고무신이 되었다.

— 참고: '[한국기업성장사]⑩강철은 부서져도 고무신은…', 아시아경제, 2012. 3. 21.

→ 마케팅의 본질이 무엇일까 생각해보는 예화입니다. 사실 품질은 기본이 돼야 하며, 마케팅은 어디까지나 그것을 알리는 하나의 수단에 불과하다는 것입니다. 물론 어떻게 하면 잘 알릴 것인지에 대해서 마케터는 항상 고민을 해야겠죠. 후발 주자로 출발한 김연수는 고객의 입장에 서서 품질보증이라는 키워드로 승부를 봅니다. 하지만 그전에 그가 고무신을 더욱 '질기게' 만드는 작업했다는 사실을 눈여겨봐야 합니다. 최고 수준의 마케팅은 어쩌면 마케팅이 필요 없는 마케팅이 아닐까 생각해봅니다. 그렇다면 우리가 하고 있는 이 일이 마케팅이 필요 없는 영역이 되기 위해서는 무엇을 해야 할까요? 그리고 그

것을 더 잘 알리기 위해서 우리는 어떻게 우리 제품을 소개해야 할까요?

22일 차. 최고의 판매 방법은 솔직함이다

도미노피자는 2년 동안 새로운 메뉴의 피자를 개발하였고, 드디어 2009년 그 선을 보일 수 있었다. 문제는 그것을 어떻게 알릴 것인가에 대한 문제였다. '맛 좋고 새로운 피자가 나왔어요'라는 마케팅으로는 실패가 불 보듯 뻔했다. 도미노피자의 최고마케팅경영자 러셀 와이너는 상식을 뒤엎는 마케팅 방안을 내놓았다. 그것은 바로 CEO를 포함 도미노 임직원이 직접 광고에 나와서 고객에게 사과한 뒤 신메뉴를 알리는 피자 턴어라운드 광고를 하자는 것이었다. 마침 2009년 도미노 매장 직원 2명이 피자를 만들며 치즈를 코에 넣는 충격적인 장면이 유튜브에 공개되면서 도미노 피자의 신뢰는 바닥을 친 상태였다.
다큐멘터리 형식으로 제작된 도미노피자 광고에는 CEO인 패트릭 도일과 수석 주방장인 브랜드 솔라노를 포함한 임직원들이 출연하였다. 그들은 "그동안 맛없는 피자를 제공한 데 대해 진심으로 사과드립니다"라는 사과를 했다.
광고에 대한 반응은 폭발적이었다. 광고가 나간 후 2010년 1분기 매장 매출은 작년 같은 기간 대비 14.3% 증가했으며 이는 패스트푸드 업계 사상 최대의 매출 신장 기록이 되었다. 2009년에는 도미노피자의 성장률이 가장 낮았지만 2010년에는 맥도날드와 스타벅스를 제치고 가장 미국에서 가장 높은 성장률을 기록하게 된다.

→ 도미노피자의 턴어라운드 광고의 핵심은 무엇일까요? 바로 '솔직함'일 것입니다. 마케팅을 진행하다 보면 이 솔직함을 잃어버

리는 경우가 많이 있습니다. 모두가 자신의 제품과 서비스가 좋다고 말할 때 솔직히 자신의 단점을 인정하면 소비자들의 주목을 받을 수 있습니다. 단점과 장점을 솔직하게 말하는 것은 최고의 판매 방법 중 하나입니다. 그렇다면 우리가 팔고 있는 제품의 단점은 무엇이고, 그 단점을 보완할 만한 장점에는 무엇이 있을까요? 그리고 판매를 할 때 다 좋다고 말하는 것보다 "이 제품에는 이러한 단점이 있지만, 대신 그것을 능가하는 이런 장점이 있습니다"라고 해보는 것은 어떨까요?

23일 차. 분주함 대신 고객과의 관계를 선택하라

치과의사 켈리 페디스는 한 번에 환자 1명만 예약 치료하며, 대기실에서 환자를 기다리게 하지 않는다. 또한 그는 환자들에게 치아 관리법을 많은 시간을 들여서 교육시킨다. 치료 전에는 그 문제가 발생한 원인부터 앞으로 어떤 치료가 어떻게 진행될 것인지를 차근차근 알려준다. 또한 치료가 끝난 다음에는 앞으로 어떤 방식으로 치아를 관리해야 되는지도 자세하게 가르쳐준다. 또한 그는 진료를 기다리는 환자를 위해 아로마 향을 치과라는 공간에 입혔다. 치과 특유의 냄새가 환자를 불안하게 만든다고 생각했기 때문이다. 그는 치료가 시작되면 다른 일을 하지 않는다. 전화를 받거나 다른 치과처럼 다른 환자들을 번갈아가면서 진료하지 않는다. 오직 환자 1명에게만 집중하는 것이다. 그는 병원 광고를 단 한 번도 하지 않았지만 늘 많은 예약 고객들과 열정적 지지자들이 존재한다.

→ 사업이든 장사든 모든 것은 관계에서 승부가 납니다. 켈리 페디스는 분주함 대신 고객과의 관계를 선택했습니다. 마케팅에서 말하는 '관계'란 고객의 '신뢰'를 말합니다. 우리는 신뢰를 주기 위한 행동을 하고 있나요? 아니면 바쁘기만 한가요? 너무 바빠 고객을 놓치고 있지는 않은가요? 만약 그런 상황이라면 어떤 방법을 통해 해결할 수 있을까요? 문제를 종이에 다 적어 보시고, 그를 해결할 수 있는 방법들을 찾아서 적어보시기 바랍니다. 지금 당장 해결할 수 있는 문제들은 당장 해결하고, 시간이 걸리거나 시스템적으로 해결해야 되는 문제들은 순차적으로 해결하시기 바랍니다.

24일 차. 감성 소비를 자극하라

> 스콧 로비넷의 《감성 마케팅》(김앤김북스, 2003)에 따르면 감성을 "행동을 유발하는 근원적 충동, 삶에 대처하는 순간적 계획"으로 정의했다. 감성이 마음에 영향을 미치는 속도는 사고에 비해 3천 배나 빠르다. 따라서 합리적 사고가 미처 따라잡기도 전에 감성이 행동을 유발시키는 경우가 많은 것이다. 구매 결정에서 감성이 상당한 영향을 미치는 것은 바로 이런 이유에서이다.

→ 흔히 말하는 충동구매를 하는 이유는 우리가 감성적 존재들이기 때문입니다. 소비자 입장에서 충동구매는 피해야겠지만,

반대로 판매자 입장에서는 어떻게 해야 이성을 뛰어넘어 감성까지 도달할 수 있을까에 대해서 고민을 해야 합니다. 충동구매를 하신 적이 있다면 그 상황들을 적어보시기 바랍니다. 다 적고 나면 '왜 내가 그 상황에서 충동구매를 했는가?'에 대한 이유를 생각해봅시다. 그다음 내가 지금하고 있는 사업에서도 동일한 방법을 어떤 방식으로 적용할 수 있는지 생각해보고 3가지 이상의 판매 방법을 개발해봅시다.

25일 차. 고객 이탈의 가장 큰 이유

프레더릭 라이히헬드의 《로열티 경영》(세종서적, 2002)에 따르면 고객 보유율이 단 5%만 늘어나도 이윤은 95%가량 증가한다는 사실을 알 수 있다. 이 고객 보유율은 특히 은행업과 출판업, 보험업과 유통업의 경우 더 많은 영향을 받는다고 한다. 미국에서 실시한 '고객 로열티에 대한 전국 조사'에 의하면 소비자들의 공통된 불만은 새로운 고객이 항상 더 좋은 대우를 받는다는 점이다. 또한 고객 이탈에 대해서는 응답자의 64%가 기업의 무관심한 태도를 이탈의 이유로 꼽았다.

→ 장사를 할 때에도 가장 중요한 것은 기존 고객 관리입니다. 고객 보유율을 늘리기 위해서 우리가 할 수 있는 것은 무엇이 있을까요? 고객의 입장에서 생각해보십시오. 또한 우리가 고객에

게 무관심한 태도가 아닌 관심과 배려를 하고 있다는 것을 표현하기 위해서는 무엇을 해야 될까요? 고객 보유를 높이기 위한 3가지 방법을 써보시고 실행해보시기 바랍니다.

26일 차. 당연한 것을 당연하게 여기지 않는 훈련이 필요하다

한국 전쟁이 한창일 때 김우중이라는 14세 소년은 대구로 피난을 가게 된다. 생계를 위해 소년은 대구 방천시장에서 신문배달을 시작하게 된다. 하지만 이미 다른 아이들이 모두 장악한 뒤였다. 그 당시 신문을 돌리는 방식은 신문을 들고 가게 주변을 돌아다니다가 상대가 먼저 신문을 달라고 하면 그때 돈을 받고 건네는 식이었다고 한다. 이때 김우중은 다른 방식으로 신문을 배달한다. 김우중은 우선 모든 가게에 신문을 던져 놓고 나중에 신문값을 받으러 다니는 방식을 택했다. 결과는 대성공! 신문값을 못 받는 가게도 더러 있었지만 대부분의 가게에서 신문값을 받을 수 있었던 것이다. 그는 이렇게 방천시장의 신문배달 시장을 완전히 장악하게 된다. 그 소년은 나중에 자라 대우 조선, 대우 중공업, 대우 자동차 등이 속한 대우그룹의 창시자가 된다.

→ 다르게 생각하기, 즉 역발상을 하기 위해서는 너무나 당연한 것을 당연하게 여기지 않는 훈련이 필요하다고 합니다. 하지만 매우 어렵죠. 신문배달 소년이었던 김우중의 방식은 세일즈에서 가장 중요한 요소이기도 합니다. 많은 사람들을 만나고, 제품 판매의 통로를 넓히는 것이죠. 미국 보험업계 세일즈 분야의 전설

적인 인물인 프랭크 베트거는 세일즈에서 성공하는 방법에 대해 다음과 같이 말했습니다. "내가 하고 있는 일을 하루 5명에게 정직하게 말할 수 있다면 어떤 분야든 성공할 수 있습니다." 모든 일은 다 세일즈라는 소리가 있습니다. 강사는 자신의 강의와 지식을 파는 것이고, 바리스타는 커피와 서비스를 팔고 있는 것이죠. 지금 판매하고 있는 방식을 뛰어넘는 역발상적인 판매 방식에는 무엇이 있을까요?

27일 차. 혁신은 한계를 넘어선 목표에서 나온다

> 인도 타타자동차 회사는 200만 원대 초저가 자동차 개발 계획을 발표했다. 많은 사람들이 종이로 자동차를 만들지 않는 이상 이는 불가능한 일이라고 비웃었다. 하지만 타타자동차는 2008년 초 신차 '나노'를 2,500달러에 내놓았다. 많은 이들의 우려와는 다르게 나노는 아직도 잘 굴러가고 있다. 타타자동차는 원가를 줄이기 위해 자동차 조립에 들어가는 볼트와 너트 대신 접착제를 사용했다. 이럴 경우 자동차의 내구성이 떨어지는 단점이 생기기도 하지만 무게가 덜 나가기 때문에 연비가 좋아진다.

→ 혁신은 한계를 넘어선 목표에서 나옵니다. 당신에게 있어서 '말도 안 돼!'라는 목표는 무엇인가요? 적당한 목표는 우리를 열심히 하게 만드는 반면 한계를 넘어간 목표는 우리에게 혁

신할 수 있는 기회를 제공합니다. 제가 아는 멘토님이 알려준 단기 목표와 장기 목표 세우는 방법은 다음과 같습니다. "단기 목표를 세우려면 현재 매출의 1.5배를 벌 수 있는 방법을 고민하면 되고, 장기 목표를 세우려면 현재 매출의 10배를 벌 수 있는 방법을 고민하면 된다."

28일 차. 길게 바라보면 조급함이 없어진다

> 하버드대학의 에드워드 밴필드 박사는 무려 50년 동안 연구한 끝에 성공한 사람과 평범한 사람들의 차이를 시간을 바라보는 관점에서 찾아냈다. 그가 연구한 바에 따르면 어떤 행동을 하는 데 있어서 얼마나 먼 미래를 염두에 두고 그 일을 하느냐에 따라서 성공 확률이 급격하게 달라진다는 것이다. 큰 성공을 이룬 사람들은 모두 '장기적으로 시간을 바라보는 관점'을 가진 반면, 실패를 거듭하는 사람들은 대부분 '단기적으로 시간을 바라보는 관점'으로 인생을 산다는 것이었다.

→ 길게 바라보고 일을 시작하면 조급함이 없어집니다. 대부분의 일들이 결실을 얻지 못하는 것은 이 조급함 때문입니다. 사과를 반으로 나눠보면 그 안에 있는 씨앗들이 보입니다. 이 사과가 열리기 위해서는 그 사과 안에 있던 씨앗이 땅에 심어져 싹이 나고, 나무가 되어야 합니다. 그런 면에서 모든 씨앗에는 거대한

나무가 들어 있는 것입니다. 열매 속의 씨앗을 바라보는 것이 단기적인 관점이라면, 씨앗 속의 열매를 바라보는 것이 바로 장기적인 관점입니다. 모든 거대한 일들의 시작은 씨앗처럼 아주 작습니다. 하지만 나무보다 씨앗을 키우기가 더 힘들고 손도 많이 가는 법이죠. 내가 얻고자 하는 열매는 무엇입니까? 그리고 그 열매를 얻기 위한 나만의 씨앗은 무엇일까요?

29일 차. 인생에 한 방은 없다

야신 김성근은 《리더는 사람을 버리지 않는다》(이와우, 2013)에서 리더에 대해서 다음과 같이 정의했다. "진짜 리더란 나와의 싸움에서 이긴 자이다." 또 그는 리더의 중요한 자질 중 하나는 다른 사람들은 보지 못하는 자질을 찾아내는 것이라고 말하고 있다. 혹독한 훈련을 시키기로 유명한 그는 훈련에 대해 다음과 같이 말했다. "사람은 늘 앞서가기 위해서 반드시 지나가야 하는 길이 있다. 훈련이 바로 그 길이다." 그는 훈련을 할 때 다음과 같은 원칙을 지키고 있다. "스케줄은 무조건 소화한다. 오늘 쉬면 다음 쉬는 날이 없어진다. 어떤 악천후라도 훈련하는 날은 훈련을 하고 쉬는 날은 쉰다. 절대 변동은 없다."

→ 인생은 하나의 수업이라고 합니다. 장사를 하면서 또 강의를 나가고, 책을 쓰면서 이 '수업'이라는 단어의 의미에 대해 많은 생각을 하곤 합니다. 수업을 다른 말로 하면 훈련이 되겠지요.

내가 원하는 자리에서 내가 원하는 능력을 가지기 위해서는 그에 합당한 훈련 기간을 거쳐야 할 것입니다. 인생에 한 방은 없다고 합니다. 다만 한 방처럼 보이는 일만 있을 뿐이죠. 하지만 그 한 방을 치기 위해 그때까지 휘두른 방망이와 고된 훈련의 시간들은 눈에 보이지 않습니다. 훈련 혹은 수업이라는 자세로 일을 배우고 사업을 한다면 두려울 것이 없습니다. 성공해도 자만하지 않고, 실패해도 좌절할 필요가 없는 것입니다. 모든 순간들은 우리에게 꼭 필요한 교훈들을 줄 뿐입니다.

30일 차. 천 년 기업이 되려면 무엇을 해야 할까?

위키피디아에 따르면 세계에서 가장 오래된 기업은 일본 오사카에 있는 '곤고구미'라는 곳이다. 곤고구미는 서기 578년에 설립되었으며, 사찰 건축 전문 기업이다. 흥미로운 사실은 이 세계에서 가장 오래된 기업의 창립자가 우리의 조상이라는 점이다. 곤고구미의 창립자는 백제인으로 유중광이라는 사람이었다. 유중광은 일본 쇼토쿠 태자의 초대로 일본에 가서 578년부터 593년까지 일본 최초의 불교 사찰인 시텐노지(사천왕사)를 지었다. 완공된 모습을 보고 매우 만족한 쇼토쿠 태자는 유중관에게 자손 대대로 사찰을 건축하고 유지 보수를 할 수 있는 권한을 준다. 유중관의 자손들은 39대에 걸쳐 곤고구미를 경영했으나 2006년 부동산 투자에 실패해 부도를 내게 된다. 현재 곤고구미는 '다카마쓰'라는 건설회사 계열사에 인수되었다.

→ 국가도 천 년을 이어가기 힘든데 천 년 기업이 있다는 것은 놀

라운 일입니다. 특히 세계에서 가장 오래된 기업을 우리의 선조가 세웠다는 것은 자부심을 가질 만한 일이죠. 꿈같은 일이지만 지금 우리가 하고 있는 이 사업이 천 년 기업이 되려면 무엇을 해야 할까요? 거기에 대해 고민해보고 답을 찾아봅시다.

북큐레이션 • 작은 가게를 성공적으로 운영하고 싶은 사람들을 위한 라온북의 책

100만 창업 시대, 작은 가게 성공 노하우와 함께 창업비와 운영비 절약하는 비법으로 월급보다 많이 벌고 오래 사랑받는 작은 가게를 만들어 보세요.

SNS 마케팅 시리즈

임헌수, 최재혁 지음 | 각 권 16,000원

**카카오스토리, 인스타그램, 네이버, 구글, 유튜브
지금 가장 뜨거운 눈 채널 마케팅의 모든 것!**

온라인 마케팅은 날로 발전하는 기술의 변화와 시시각각 변화하는 소비자들의 입맛을 잡기 위해 더욱 치열하게 전개될 것이다. 이 경쟁 속에서 살아남기 위해서는 나의 일방적인 메시지를 전달하는 것이 아니라, 디지털 시대에 걸 맞는 채널로 재가공하여 발신해야 한다. 이야기를 듣고 싶어 할까? 이 시리즈는 모든 온라인 마케터와 사장들의 질문에 답한다. 전문가가 다년간 축적한 온라인 마케팅 핵심 개념을 초보자의 눈높이에 맞게 설명하고 있으며, 특히 홍보에만 주력할 수 없는 대다수 기업의 현실을 적극 반영하여 최대한 간편하고 쉽게 따라 할 수 있는 방법을 함께 소개하고 있어 매우 실용적이다.

나는 스타벅스보다 작은 카페가 좋다

조성민 지음 | 15,000원

**130평 스타벅스보다 수익률 높은
13평 작은 카페 운영 노하우**

창업 3년만에 회원 2000명, 매일 방문 고객 200명을 만든 오너바리스타 조성민의 작은 카페 성공 스토리. 대전의 랜드마크 카페로 발돋움하고 있는 '카페허밍'의 오너바리스타가 수많은 카페 사이에서 철학 있는 작은 카페로 살아남기 위한 생존 전략을 풀어냈다. 작은 카페를 운영하는 일은 생각보다 쉽지 않다. 하지만 기대 이상의 결과를 가져다주는 것이 작은 카페이다. 이제 상상 속의 작은 카페를 현실로 만들어라! 130평 스타벅스보다 높은 수익률을 올리는 13평 알찬 작은 카페가 당신의 꿈을 이뤄줄 것이다.

절대 망하지 않는 작은 장사

김종길, 손수경 지음 | 15,000원

**동네 구멍가게를 명물 장수가게로 만드는 대박 장사법
망할 걱정 없이 신 나게, 폼 나게 장사하는 운영 노하우**

장사가 하고 싶은 예비장사꾼, 아직은 서툰 초보장사꾼, 고민 많은 현역 장사꾼! 일일매출에 노심초사하는 작은 가게 사장님들의 모든 질문에 답한 이 책은 창업 초기에 어려움을 겪고 있는 사람들에게 지금의 현주소를 진단하여 구체적으로 어떻게 어려움을 타개할 수 있는지 알려준다. '음식 가격을 올릴지 말지', '메뉴를 늘릴지 말지' 작은 가게를 운영하는 사장님이라면 누구나 고민하게 될 질문들에 답을 준다.
작은 장사일수록 외롭고 고독하다. 작은 장사를 운영하는 것은 큰 기업을 경영하는 것과는 다르다. 이 책은 기존에 없던 '작은 장사 경영법'이라는 점에서 독보적이다. 시련이 올 때마다 가까이 두고 읽으면 다시 "파이팅" 할 힘이 되어줄 것이다.

기적의 절세법 시리즈

〈부가가치세편 | 상속·증여세편〉

장중진, 정해인 지음 | 각 권 15,000원

안 내도 될 세금 아껴주는 기적의 절세법!

〈기적의 절세법〉 시리즈는 누구나 알아야 할 절세 가이드이다. 최고의 세금 전문가들이 간단한 세법 상식만으로 '안 내도 될 세금'을 더 내는 일이 없도록 도와준다. 내지 않아도 될 세금은 내지 않는 '절세'야말로 순수익 높은 비즈니스의 기본이다. 매출 1억 원을 올려도 비용과 세금을 제하면 남는 것은 1천만 원에도 못 미치는 경우가 많은 반면, 세금은 아낀 금액 그대로가 남는 돈이기 때문이다.
〈기적의 절세법〉시리즈 1권, '부가가치세 편'에서는 부가가치세 절세를 통해 매출 1억 원을 이기는 비즈니스를 하는 법을 알려주고, 두 권 '상속세 편'에서는 상속재산 확인부터 세금 신고, 계산, 절세, 세무조사 대처까지 집 한 채만 있어도 꼭 알아야 하는 상속 증여세의 모든 것을 알려준다.